新工科教育创新改革系列丛书

课程思政
研究与改革实践

主　编　刘莉莉
副主编　姚永刚　王玉萍　程雪利　褚有众

北京航空航天大学出版社

内 容 简 介

为深入贯彻落实全国教育大会精神和全国高校思想政治工作会议精神，把思想政治工作贯穿于教育教学全过程，实现学校全程育人、全方位育人、全员育人的大思政格局，河南工学院确定了“试点先行、逐步推广、精准培育、逐步提高、分阶段有序推进”的课程思政改革建设思路，打造了可复制、可推广的课程思政“112”育人工程，其中第一个“1”为培育100门课程思政优秀课程，第二个“1”为培养100个课程思政优秀教学团队，“2”为由各学科专业教师与思想政治理论课教师共同组成的双学科课程思政教师团队。鼓励教师深入挖掘通识课程和专业课程的思政元素，充分发挥课堂教学主渠道在思想政治工作中的作用，按照价值引领、能力达成、知识传授的总体要求，深化课程思政教学改革，发挥各类课程的育人作用。通过以上改革，涌现出一批课程思政改革成果。

本书以此为背景，从中挑选出具有代表性的课程思政教学案例，每个案例分别从课程教学目标、思政育人目标、育人主题、案例设计、组织实施、总结反思等方面进行论述，以期为其他高校课程思政教学研究与改革实践提供借鉴与参考，共同引导教师发挥各类课程的育人作用，为推进全员全过程全方位育人、培养德智体美劳全面发展的社会主义建设者和接班人探索出一条新的路径。

图书在版编目(CIP)数据

课程思政研究与改革实践 / 刘莉莉主编. -- 北京 ：北京航空航天大学出版社，2021.10
(新工科教育创新改革系列丛书)
ISBN 978-7-5124-3617-6

Ⅰ. ①课… Ⅱ. ①刘… Ⅲ. ①工科院校—思想政治教育—教学研究—中国 Ⅳ. ①G641

中国版本图书馆CIP数据核字(2021)第213818号

课程思政研究与改革实践
主　编　刘莉莉
副主编　姚永刚　王玉萍　程雪利　褚有众
策划编辑　董宜斌　　责任编辑　江小珍
*
北京航空航天大学出版社出版发行
北京市海淀区学院路37号(邮编100191)　http://www.buaapress.com.cn
发行部电话：(010)82317024　传真：(010)82328026
读者信箱：copyrights@buaacm.com.cn　邮购电话：(010)82316936
北京富资园科技发展有限公司印装　各地书店经销
*
开本：710×1 000　1/16　印张：12.25　字数：276千字
2022年1月第1版　2023年4月第2次印刷
ISBN 978-7-5124-3617-6　定价：58.00元

新工科教育创新改革系列丛书

新工科教育创新改革系列丛书系河南省高等教育教学改革研究项目“先进制造业强省背景下应用型高校新工科卓越工程人才培养体系的研究与实践”[2019SJGLX160]、河南省新工科研究与实践项目“新工科视域下电子信息类专业创新创业教育课程体系研究与实践”[2020JGLX086]、河南省高等教育教学改革研究项目“应用型本科院校创新创业教育改革的研究与实践”[2019SJGLX611]成果。

新工科教育创新改革系列丛书
编委会

前　言

“培养什么人、怎样培养人、为谁培养人”是教育的根本问题，立德树人成效是检验高校一切工作的根本标准。落实立德树人根本任务，必须将价值塑造、知识传授和能力培养三者融为一体，要全面推进课程思政建设，寓价值观引导于知识传授和能力培养之中，帮助学生塑造正确的世界观、人生观、价值观，全面提高大学生缘事析理、明辨是非的能力，让学生成为德才兼备、全面发展的人才。

课程思政建设是全面落实立德树人根本任务的重要战略举措，河南工学院全方位推进课程思政体系化、规范化、常态化建设，构建“试点先行、逐步推广、精准培育、逐步提高、分阶段有序推进”的工作思路，将思政教育融入人才培养全过程，充分挖掘各类课程思想政治资源，努力发挥好思政理论、通识教育、专业教育、创新教育思维等各门课程的育人作用，凝心聚力，开创全方位育人的工作格局，全面提高人才培养质量。

多年来，河南工学院坚持把立德树人作为根本任务，以培养适应新工科发展的应用型人才为使命担当，不断深化课程思政创新改革，多措并举打造保障有力、内容丰富、特色突出、成效显著的课程思政建设体系，积极营造“课程门门有思政、教师人人重育人”的良好氛围，着力构建全员、全程、全方位的思政育人新格局。

本书由刘莉莉担任主编，由姚永刚、王玉萍、程雪利、褚有众担任副主编，由丁海波、马天风、马秉馨、王栋、王党生、冯婕、朱亚宁、朱松梅、李金玉、李杨波、李坤、刘玉堂、刘丹、陈修铭、侯锁军、郭战永、段翠芳、靳静波参编。具体分工为：程雪利编写了“机械制造工艺学”课程思政教学案例，段翠芳编写了“材料力学B”课程思政教学案例，侯锁军编写了“汽车构造B(1)”课程思政教学案例，马天风编写了“金属连接方法”课程思政教学案例，马秉馨编写了“冲压工艺及模具设计”课程思政教学案例，郭战永编写了“固体废物处理与处置”课程思政教学案例，李金玉编写了“电气控制与PLC(B)”课程思政教学案例，李杨波编写了“数字摄影摄像”课程思政教学案例，刘丹编写了“信息技术创新”课程思政教学案例，丁海波编写了“经济法”课程思政教学案例，王栋编写了“艺术设计创新”课程思政教学案例,冯婕编写了“二维构成”课程思政教学案例,李坤编写了“高等数学C”课程思政教学案例,刘玉堂编写了“概率论与数理统计”课程思政教学案例,朱亚宁编写了“大学英语(2)”课程思政教学案例,靳静波编写了“大学英语(4)”课程思政教学案例,陈修铭编写了“综合英语(1)”课程思政教学案例,朱松梅编写了“军事理论”课程思政教学案例,王党生编写了“大学体育(2)”课程思政教学案例。

作者在撰写本书过程中,借鉴了大量国内外学者的研究成果,在此,我们向有关专家学者、作者和出版者一并致以衷心的感谢!

由于编者水平有限,书中不当和疏漏之处在所难免,恳请学术同仁与广大读者批评指正。

编　者

2021 年 9 月于新乡

目　　录

“机械制造工艺学”课程思政教学案例

课程名称：机械制造工艺学

学时/学分：32/2

课程类别：专业选修课

适用专业：机械设计制造及其自动化、机械电子工程

主讲教师：程雪利

双学科团队：程雪利、褚有众、郑路路、郑立爽、康玉辉

课程简介：

“机械制造工艺学”是以机械制造工艺技术问题为研究对象的一门技术科学，是机械设计制造及其自动化专业、机械电子工程专业的一门主干专业课。通过本课程的学习，可使学生掌握机械加工工艺的基本理论知识；熟悉制定工艺规程的原则、方法和步骤；掌握影响零件加工质量的各项因素及其消除措施。同时，配合生产实习、课程设计及实验等实践环节的教学，可使学生具有制定中等复杂零件加工工艺规程的能力和分析解决实际生产中一般工艺问题和质量问题的能力；培养学生科技报国的爱国情怀、精益求精的工匠精神以及良好的社会主义职业道德与职业素质，真正实现价值塑造、知识传授和能力培养的紧密融合。

案例一：遇见完美的自己——毛坯误差复映

一、课程教学目标

（1）了解并掌握毛坯误差复映规律的基本概念。

（2）能够根据实际加工情况对毛坯误差复映引起的工件尺寸误差和形状误差进行分析，并提出相应的改进措施，保证产品质量。

二、思政育人目标

（1）教育学生每天都进步一点、提高一点，逐渐趋于完美，成就出彩人生。

（2）激励学生在困难面前勇于探索与创新、努力学习与奉献，培养学生们在艰苦条件下依然能做到专注专业、精益求精的工匠精神。

（3）用先进事迹引导学生以模范人物为榜样，在增加学生国家荣誉感的同时，激发学生的爱国热情和学习激情。

三、育人主题

精益求精的工匠精神、民族自豪感和国家荣誉感。

四、案例设计

本节课采用复习回顾、导入新课，思政融合、讲授课程，总结归纳、拓展提高三步来开展：首先复习刚度的计算公式，讲解上次课后作业，引导学生寻找共性原因，进而引入新内容；接着讲授毛坯误差复映的概念、分析其产生的原因，最终探寻减小误差的措施，在讲授过程中融入思政元素，发挥课程的育人功能；最后总结所学知识，以工程实践案例进行拓展，引导学生对所学知识进一步思考，并通过案例中的先进人物事迹激发学生的爱国情怀。课堂过程中采用讲授法、案例教学法、分组讨论法、启发引导法等方法，充分利用现代化教学手段使学生积极参与到课堂教学中，提高学生学习的积极性和主动性。

具体知识点和思政元素的融入过程如下：在讲述毛坯误差复映系数概念时，根据多次走刀误差几乎趋于零的现象，教育学生每天都进步一点、提高一点，就会离目标越来越近，越来越趋于完美，从而成就出彩人生。在讲述毛坯误差复映的减小措施时，引入技术“牛人”将大型毛坯误差控制到毫米级的事例，来说明减小毛坯误差复映最有效的方法就是减小毛坯误差；同时，通过“牛人”刘永刚 35 年在高温锻造车间探索、坚守和精益求精的事迹，让学生学习其一丝不苟、精益求精的职业精神，激励学生在困难面前勇于探索和创新、努力学习、积极奉献，培养他们在艰苦条件下依然能做到专注专业、精益求精的工匠精神。在课后拓展提高方面，通过让学生观看讲述工匠曹彦生事迹的视频资源,引导学生思考对于结构复杂、厚度又特别薄、加工精度要求控制在 0.02 mm(头发丝的三分之一、纸的四分之一)之内的导弹“翅膀”,应采取哪些措施减小其受力变形,并探究工匠曹彦生是如何一步步尝试摸索,改革创新,攻坚克难,在匠心报国之路上砥砺前行的。

五、组织实施

第一部分　复习回顾,导入新课

复习上一节课所学习的内容,重点是刚度公式;通过布置课前作业对具体知识点进行针对性练习,进而引入新课的内容。

第二部分　思政融合,讲授课程

(一) 毛坯误差的复映概念解析

(1) 采用机械加工仿真动画,引导学生发现问题、探究问题。

(2) 采用 3D 打印模型,让学生分组讨论以下问题:两个都有鼓形形状误差的工件,且误差大小不同,加工后两个工件的形状误差相同吗?

通过小组合作、小组讨论和小组展示,一方面培养学生发现、分析和解决问题的能力,另一方面培养学生的团队合作精神。

(3) 分析引出毛坯误差复映的相关概念,呼应学生的讨论结果。

误差复映规律:工件加工前的形状误差,将一定程度地在加工后的工件表面上出现。

毛坯圆度的最大误差 $\Delta m = a_{p1} - a_{p2}$

车削后工件的圆度误差 $\Delta w = Y_1 - Y_2$

$$\therefore \Delta\tilde{\omega} = Y_1 - Y_2 = \frac{A}{k_{x1}}(a_{p1} - a_{p2})$$

$$令\ \varepsilon = \frac{\Delta\tilde{\omega}}{\Delta m} = \frac{A}{k_{xt}} = \frac{\lambda C_{FP} f^{0.75}}{k_{xt}} \text{——误差复映系数}$$

ε 表示加工误差,$\Delta\omega$ 与毛坯误差 Δm 之间的比例关系,说明了“误差复映”的规律,定量地说明了毛坯误差的减小程度。

k_{xt} 越高,ε 越小,复映到工件的误差也越小。

要减小工件的误差的复映,可增加 k_{xt} 或减小 A。

当毛坯误差较大,不能满足加工精度的要求时,可进行多次走刀进一步消除复映误差。

$$\sum\varepsilon = \varepsilon_1 \times \varepsilon_2 \times \cdots \times \varepsilon_n = \left(\frac{\lambda C_{FP}}{k_{xt}}\right)(f_1 \times f_2 \times \cdots \times f_n)^{0.75}$$

由于工艺系统总具有一定的刚度,因此零件加工误差总小于毛坯误差,ε 总小于 1,经 n 次走刀后,已降到很小,加工误差就逐渐达到所允许的范围。

第1次走刀：$\Delta_{g1}=\varepsilon_1 \cdot \Delta_m$	第1天：进步一点
第2次走刀：$\Delta_{g2}=\varepsilon_2 \cdot \Delta_1=\varepsilon_1 \cdot \varepsilon_2 \cdot \Delta_m$	第2天：再进步一点点
⋮	⋮
第n次走刀：$\Delta_{gn}=\varepsilon_1 \cdot \varepsilon_2 \cdots\cdots \varepsilon_n \Delta_m$	第n天：不断完善自我、提升自我，成就出彩人生。

★ 思政元素融入点 1：由于误差复映系数小于 1，所以走一刀误差就会缩小一些，再走一刀误差又会缩小一些，多次走刀以后误差几乎趋于零。通过此现象可以教育学生：每天都进步一点、提高一点，就会离目标越来越近，越来越趋于完美，从而成就出彩人生。

（二）减小毛坯误差复映的措施

（1）增加走刀次数；

（2）减小切削深度；

（3）提高系统刚度；

（4）提高毛坯精度。

★ 思政元素融入点 2：在延伸讲解如何提高毛坯制造精度时，引入技术“牛人”将大型毛坯误差控制到毫米级的先进事迹。一方面，说明提高毛坯精度就是减小毛坯误差复映最有效的方法，且也是目前先进制造技术发展的一个重要方向；另一方面，通过“牛人”刘永刚 35 年在高温锻造车间探索、坚守、精益求精、创新成果，打破了美国、俄罗斯等国的技术壁垒的先进事迹，激励学生在困难面前勇于探索和创新、努力学习、积极奉献，培养他们在艰苦条件下依然能做到专注专业、精益求精的工匠精神。

（三）工程应用

1. 计算走刀次数

例 1：一个工艺系统，其误差复映系数 ε 为 0.25，工件在本工序前的圆度误差为 0.5 mm，为保证本工序 0.01 mm 的形状精度，试计算本工序最少需走刀几次？

通过“超星学习通”发布随堂测试题，巩固所学。

2. 估算加工误差

在车床上半精镗一短套工件的内孔，已知：加工前内孔的圆度误差为 0.4 mm，$K_{头}=40000$ N/mm，$K_{架}=3000$ N/mm，走刀量 $f=0.05$ mm/r，走刀量指数 $Y_{Fc}=0.75$，径向切削力系数 $C_{Fy}=1000$。

（1）若只考虑加工过程中切削力变化的影响，试求一次走刀后的圆度误差是多少？

（2）若加工后要求圆度误差为 0.01 mm，如一次走刀不能满足，可采取何种工艺措施？

可采取的措施有：(1)增加走刀次数；(2)减小切削深度；(3)提高系统刚度；(4)提高毛坯精度。

通过该例深入探究误差复映规律的应用，做到理实结合、学以致用。

3. 测定机床刚度

根据误差复映和机床刚度公式测试机床刚度。测试机床刚度时可用一个带三个凸出台阶的轴，分别测量三个凸台的直径，在一次走刀中切去台阶，再分别测量三点的受力和尺寸，求得三点的误差复映系数 ε，根据 $k=C/\varepsilon$，解联立方程即可求出机床刚度，下节课在实验室完成。

第三部分　总结归纳，拓展提高

(一) 本节小结

本节主要讲解了毛坯误差复映的概念、产生的原因、减小工艺系统受力变形的措施及工程应用实例。

(二) 拓展提高

课后拓展提高，请同学们登录“超星学习通”观看讲述工匠曹彦生事迹的视频资源，思考对于结构复杂、厚度又特别薄、加工精度要求控制在 0.02 mm(头发丝的三分之一、纸的四分之一)之内的导弹“翅膀”，应采取哪些措施减小其受力变形，并探究工匠曹彦生是如何一步步尝试摸索，改革创新，攻坚克难，在匠心报国之路上砥砺前行的。

★ 思政元素融入点 3： 一方面，通过该事迹引导学生对所学知识进行巩固复习，并查阅资料分析视频中所述问题；另一方面，引导学生以模范人物为榜样，增加他们的国家荣誉感，激发他们的爱国热情和学习激情。

六、总结反思

实施过程良好，在知识点讲解过程中，引入工程案例，注重工程应用、理实结合、学以致用，提高了学生学习的主动性；在引入思政元素提高学生兴趣的同时，培养学生专业专注、精益求精的工匠精神，激发其民族自豪感和国家荣誉感。

在教学实施的过程中，发现与所讲知识点贴合的思政元素并将其“润物细无声”地融入专业知识中是重点，也是难点，更是实施课程思政需要深入思考的问题。

案例二：机器装配的基本概念

一、课程教学目标

（1）理解总装、调试等机器装配基本概念。

（2）了解我国制造业目前在装备领域的优势和劣势。

二、思政育人目标

（1）学习匠人对产品初始质量的执着追求和一丝不苟、精益求精的工作态度。

（2）培养学生严谨细致、一丝不苟的工作态度，同时通过大飞机成功装配的事例提升学生的民族自豪感和国家荣誉感。

（3）对于核心关键技术，要勇于克服困难、开拓创新，“走自己的路，坚持道路自信”。

三、育人主题

坚定道路自信，培养民族自豪感和国家荣誉感。

四、案例设计

本节课采用情景导入、讲课内容，思政融合、讲授课程，总结归纳、拓展提高三步来开展：首先引入匠人的精益求精事迹，引出装配工作的基本内容；接着讲解具体装配内容，分别在讲述“总装”“调试”的基本内容时引入思政元素；最后总结归纳机器装配的基本概念，并提出针对大飞机核心组件，从机器装配的基本内容出发，让学生分组讨论在运用机器装配的基本内容时所需要考虑的事项，对本节内容进行拓展提高。讲授过程中采用讲授法、案例教学法、小组讨论法等方法，充分利用现代化教学手段使学生积极参与到课堂教学中，提高学生学习的积极性和主动性。

具体知识点和思政元素的融入过程如下：从“匠人的精益求精——清洗、修配、装配、调试视频”引出装配工作的基本内容（清洗、连接、校正、调整与配作、平衡、验收试验），同时通过匠人对产品质量的执着追求和一丝不苟、精益求精的工作态度，教育学生只有具备这些精神和品质，才能制造出高质量的产品。在讲述机器装配“总装”部分时，结合思政育人素材“中国大飞机的梦工厂——线缆的总装配”视频来讲解，有助于学生对“总装”概念的理解，同时培养学生严谨细致、一丝不苟的工作态度，同时通过了解大飞机的成功装配过程来提升学生的民族自豪感和国家荣誉感。在讲述装配的其中一项内容——“调试”时，引入思政育人素材“三维五轴激光机床的总装调试”视频，说明调试是装配过程中的一项重要内容，同时教育学生在核心关键技术方面要勇于克服困难、开拓创新，“走自己的路，坚持道路自信”。通过上述案例，可丰富学生的专业知识，坚定道路自信，激励学生勇于探索，培养学生勇于创新的时代精神。

五、组织实施

第一部分　情景导入，讲课内容

从“匠人的精益求精——清洗、修配、装配、调试视频”引出装配工作的基本内容（清洗、连接、校正、调整与配作、平衡、验收试验），同时通过匠人对产品质量的执着追求和一丝不苟、精益求精的工作态度，教育学生：只有具备匠人精神和品质，才能制造出高质量的产品。

育人目标：教育引导学生应具备匠人精神和品质。

第二部分　思政融合，讲授课程

任何机器都是由许多零件装配而成的。装配（工艺）是机器制造中的最后一个环节，它包括装配（过程）、调整、检验、试验等工作。机器的质量最终是通过装配保证的，装配质量在很大程度上决定了机器的最终质量。另外，通过机器的装配过程可以发现机器设计和零件加工等方面存在的问题并加以改进，以保证机器的质量。

（一）装配的概念

机械产品是由许多零件和部件组成的。

装配：按照规定的技术要求，将若干个零件接合成部件或将若干个零件和部件接合成产品的过程。

装配是机器制造过程中的最后一个环节，它包括装配、调整、检验和试验等工作。装配过程使零件、合件、组件和部件间获得正确的相互位置关系。例如：夹具的装配过程。

机械产品的结构越复杂，对精度和其他技术条件的要求越高，则装配工艺过程也就越复杂，装配工作量也越大。

对于结构复杂的机械产品，为了便于组织装配工作，通常将产品分解为若干个独立的装配单元。

产品或机器是由零件、合件、组件和部件等装配单元组成的。

零件：组成机器的最小单元。

合件：由若干个零件永久连接（铆或焊）而成或连接后再经加工而成，如装配式齿轮、发动机连杆小头孔压入衬套后再镗。

组件：由一个或几个合件与若干个零件组合而成，没有显著完整的功用，如车床主轴箱中的主轴组件就是在主轴上装上若干齿轮、套、垫、轴承等零件。

部件：若干个组件、合件和零件的组合体，并能在机器上完成一定的完整功用，如车床主轴箱、进给箱等。

机器：由上述各装配单元结合而成的整体，具有独立、完整的功能。

组装：把若干个零件和合件装配在基准件上构成组件的过程。

部装:把若干个组件、合件和零件装配在基准件上构成部件的过程。

总装:把若干部件、组件、合件和零件装配在基准件上构成机器的过程。

思政育人素材:引入“中国大飞机的梦工厂——线缆的总装配”视频,有助于学生对“总装”概念的理解,培养学生严谨细致、一丝不苟的工作态度,同时通过了解大飞机的成功装配过程来提升学生的民族自豪感和国家荣誉感。

育人目标:培养学生严谨细致、一丝不苟的工作态度,提升学生的民族自豪感和国家荣誉感。

(二)装配工作的主要内容

装配不只是合格零件、套件、组件和部件的简单连接,而是根据一定的技术要求,通过校正、调整、平衡、配作以及反复的检验等一系列工作来保证产品质量的一个复杂工艺过程。常见的装配工作内容有如下几项。

1. 清　洗

经检验合格的零件,在装配前要经过认真清洗,目的是去除黏附在零件上的灰尘、切屑和油污,而且清洗后的零件通常还具有一定的防锈能力。

2. 连　接

连接方式一般有两种:可拆卸连接和不可拆卸连接。

可拆卸连接:相互连接的零件拆卸时不受任何损坏,且拆卸后还能重新装在一起,如螺纹连接、键连接和销钉连接等,以螺纹连接的应用最为广泛。

不可拆卸连接:指相互连接的零件在使用过程中是不拆卸的,如要拆卸会损坏某些零件,如焊接、铆接及过盈连接等。

3. 校正、调试与配作

校正:指产品中相关零部件相互位置的找正、找平及相应的调整工作,多用于产品总装和大型机械的基体件装配,例如车床总装中主轴箱主轴中心与尾座套筒中心等高的校正等。

调试:相关零部件相互位置的具体调节工作。为了保证机器中运动零部件的运动精度,它除了配合校正工作去调节零件的位置精度以外,还用于调节运动副之间的间隙,例如轴承间隙、导轨副的间隙及齿轮与齿条的啮合间隙等。

思政育人素材:在讲述装配的其中一项内容——“调试”时,引入“三维五轴激光机床的总装调试”视频,说明调试是装配过程中的一项极其重要的内容,同时教育学生在核心关键技术方面要勇于克服困难、开拓创新,“走自己的路,坚持道路自信”。

育人目标:教育学生在核心关键技术方面要勇于克服困难、开拓创新,“走自己的路,坚持道路自信”。

配作:指配钻、配铰、配刮、配磨等工作。通过配作可以有效地提高运动副的运动精度、接触结合面的接触精度和刚度,保证连接精度和定位精度,在零件加工精度难以满足产品精度要求时,配作是有效的途径之一。配作通常是和校正、调整工作结合进行。

4. 平　衡

为了防止对运转平稳性要求较高的机器在使用中出现振动，在其装配过程中需对有关旋转零部件(有时包括整机)进行平衡作业。部件和整机的平衡均以旋转体零件的平衡为基础。

第三部分　总结归纳，拓展提高

总结归纳机器装配的基本概念，针对大飞机核心组件，从机器装配的基本内容出发，让学生分组讨论在运用机器装配的基本内容时所需要考虑的事项。

六、总结反思

实施过程良好，由传统的照本宣科灌输式讲解转改为结合国家重大工程领域的实例及场景进行讲解，提高了学生学习的积极性和主动性；根据课程内容有针对性地插入恰当的思政元素，既能帮助学生理解专业知识，又能坚定道路自信、民族自信，提升学生的民族自豪感和国家荣誉感；同时，也可培养学生严谨细致、一丝不苟的工作态度和勇于创新、攻坚克难的科学精神。

虽然通过融入的先进模范事迹，让学生明白了在核心关键技术方面要勇于克服困难、开拓创新，"走自己的路，坚持道路自信"，但是如何更有效地培养学生的创新精神仍是后续需要思考和研究的问题。

“创新思维训练”课程思政教学案例

课程名称：创新思维训练
学时/学分：16/1
课程类别：专业基础必修课
适用专业：2020级全校各本科专业
主讲教师：杨雪莲
双学科团队：张红、董作霖、王世胜、尚德峰

课程简介：

“创新思维训练”是以TRIZ创新方法为研究对象的一门创新课程，是我校各专业本科学生的创新基础必修课程。通过本课程的学习，可使学生掌握TRIZ法的基本知识，熟悉40个发明原理，掌握技术矛盾和物理矛盾及其解决原理，了解TRIZ创新思维与方法及因果链分析；也可培养学生运用创新方法发现、分析并解决实际问题的能力，提高其创造性思维，帮助学生养成严谨的科学思维，树立追求真理、勇于探索的精神；还可提高团队合作能力，树立社会主义核心价值观，为更好地服务社会、建设国家贡献力量。

案例一：港珠澳大桥的创新设计理念
——物理矛盾及其解决原理

一、课程教学目标

(1) 了解物理矛盾的概念，能够结合实际案例进行准确描述。

(2) 掌握分离原理的使用方法及要点。

(3) 熟悉物理矛盾的解决原理，并能够利用它分析和解决实际问题。

二、思政育人目标

培养学生的家国情怀和民族自豪感，带领学生学习我国工程建设者在面对困难时勇于开展科技攻关的创新精神，以及他们强烈的社会责任感，激发学生的使命感。

三、育人主题

培养学生的工匠精神。

四、案例设计

本案例紧密结合课程教学目标，围绕物理矛盾及其解决原理进行教学设计。首先，从港珠澳大桥获得的"世界之最"、大量的专利及国际上对其的高度评价导入本章内容，激发学生的民族自豪感和学习兴趣。接下来，引导学生思考：建设者为什么不直接将港珠澳大桥全部建成桥呢？让同学们结合课前发布的视频进行分析，在分析过程中，充分运用本章中的知识要点，明确物理矛盾的描述、使用的分离原理及解题步骤。接着运用港珠澳大桥的"右上左落"设计，再次引导学生思考，通过实操练习进一步内化知识；通过对比两种设计，加深学生对教学重难点的理解和掌握，切实提升其解决实际问题的能力。最后，思政升华。让学生知道：该项超级工程在建设过程中并非一帆风顺，沉管隧道方面的技术不足就是一大难关。面对从未遇到过的技术难题，面对荷兰方面提出的15亿元天价，我国的大桥建设者走出了一条"自主攻关，自己研发，自主修建"之路，将最核心的技术掌握在了自己的手中，不再受制于人。大桥每一个节点的进展、每一次攻关、每一次创新，都蕴含着可经受历史考验的中国工匠精神。鼓励同学们勇于担当历史使命，不负韶华，为中华民族的伟大复兴做出自己的贡献。

五、组织实施

(一) 案例导入，提出问题

(1) 案例导入：港珠澳大桥是一座人类建设史上迄今为止里程最长、投资最多、施工难度最大、设计使用寿命最长的跨海公路桥梁，设计施工团队为之创新研发了31项工法、31套海洋装备、13项软件、454项专利，被称为“新世界七大奇迹之一”。

(2) 提出问题：建设者为什么不直接将港珠澳大桥全部修建成桥呢？那样不是更容易，成本更低吗？引导学生思考。

接下来，请同学们观看《超级工程——港珠澳大桥》视频片段，尝试从中找出答案。

(二) 学生抢答，分析问题

通过抢答的方式，请同学们对所提问题发表看法，教师再进行总结。伶仃洋立体空间区域内包括重要的水运航道和空运航线，伶仃洋航道每天有4000多艘船只穿梭，对通航等级要求非常高，远期按30万吨邮轮通行标准，大桥桥面需超过80米高，桥塔高度达200米，这又与附近的机场限高要求相冲突，影响飞机的飞行。

(三) 运用原理，解决问题

伶仃洋这一水域不能建桥，其他水域能建桥，既要建桥又不要建桥是一对典型的物理矛盾。因为在空间上没有交叉，所以可以使用空间分离原理解决这一矛盾。请同学们查看四大分离原理与40个发明原理的关系表，并从中找到可以使用的发明原理。可以发现，17号维数变化原理可以帮助我们解决问题，即海面上不能建桥，那就将桥建到海底去，因此就形成了桥、岛、隧设计理念。

(四) 苏格拉底式提问，引发深度思考

问题1：水运航道要求桥要建得高，方便巨型邮轮通过；而空运航线又要求桥要建得低，保证通航的安全性。这是物理矛盾吗？

问题2：常见的物理矛盾多是运用分离原理解决的，刚才使用的是空间分离原理。请问，这个问题可以用时间分离原理解决吗？

问题3：使用分离原理的条件是什么？

问题4：桥下通航和桥上通航在时间上有没有交叉？

问题5：桥下通航和桥上通航在时间上真的没有交叉吗？

问题6：如果有交叉，那么交叉的结果会是什么呢？

得出结论：这个问题是无法使用时间分离原理来解决的，因为邮轮航行和飞机飞行在时间上有交叉，因而存在安全隐患。以此加深学生对分离原理使用条件的认识和理解。

(五) 再次提问，巩固所学

不同地区有不同的交通规则和驾驶习惯，澳门和香港都是右舵靠左行驶，内地是左舵靠右行驶。那么，港珠澳大桥在设计上应怎么解决这一问题？

(1) 学生参与解决问题：请学生分析问题，准确描述出该物理矛盾，并尝试运用物理矛盾的解决原理找到解决问题的方案。

(2) 提出港珠澳大桥“右上左落”的设计理念：

在大桥靠香港和澳门方向，当车辆下桥时，通过立交桥转换车道方向，从右行改到左行；而在上桥时，也是通过立交桥转换行车方式；港珠澳大桥将海面42公里，包括香港境内的12公里的桥面全部采取右行设计。当车辆到达香港、澳门口岸后，进入港澳范围内，车辆再改为执行港澳实行的行车规则。

(3) 画图板书：以口岸为界，不同的地理区域无交叉，可以使用空间分离原理来解决问题。通过查看四大分离原理与40个发明原理的关系表，可发现17号维数变化原理可以帮助我们解决问题——通过架设立交桥的方式实现由右行到左行，或由左行到右行的转变。

(4) 动手实操，加深认识：只通过语言讲述立交桥的设计，学生无法理解。因此，先让学生看变道引桥的动画视频，帮助学生理解，紧接着再让学生通过手工剪纸的方式模拟整个变道流程，让学生真正明白其中的道理，不仅知其然，而且知其所以然。

(六) 总结发现，加深认识

对比两个案例，让学生谈谈发现。

虽然两种设计都用到了解决物理矛盾的空间分离原理，也都用17号维数变化原理使问题得到了解决，但是两个设计却是截然不同的，加深学生对阿奇舒勒发现的认识。

(七) 思政升华，学习工匠精神

港珠澳大桥是国家工程、国之重器，其建设创下多项世界之最，非常了不起，体现了一个国家逢山开路、遇水架桥的奋斗精神，也体现了我国的综合国力、自主创新能力，还体现了勇创世界一流的民族志气。科技决定着未来，我们国家通过港珠澳大桥的建设迎来了一次飞跃，其作用和影响都是不可估量的，而大桥背后的人更是国家的英雄。他们面对从未遇到过的技术难题，面对荷兰方面提出的15亿元天价，通过“自主攻关，自己研发，自主修建”，将主动权牢牢掌握在我们自己手中，体现出了大国工匠精神，是我们学习的榜样。

对比工程建设者，请同学们结合自身在平时遇到困难时的表现谈谈看法，并鼓励同学们向大国工匠学习，勇于担当历史使命，不负韶华，为中华民族的伟大复兴做出自己的贡献。

六、总结反思

(一) 优　点

以港珠澳大桥这一超级工程中的典型设计为例，能够激发学生的兴趣，培养他们的民族自豪感；案例新颖，与课程内容有机融合，能体现教学中的重难点，具有一定的时代性和挑战度；采用问题导向型教学方法利于引导学生主动思考，提高其分析问题的能力；教学资源丰富，结合视频、动画、手工，帮助学生理解大桥的设计理念，有利于加深其对物理矛盾及其解决原理的认识，体现“教学做一体”的理念；结合媒体对港珠澳大桥的高度评价，帮助学生了解工匠精神以及大桥建设者们的奋斗、担当和自主创新精神，使其树立责任感和使命感，也使思政教育无痕融入课堂教学中。

（二）不足及改进措施

在最后的请同学们发表看法环节，无论是通过选人还是通过讨论的方式，都不足以引发学生深度思考，可尝试让学生课下写出感想，这样思政教育的效果可能会更好。

案例二：如何用空气赚钱——金鱼法

一、课程教学目标

（1）掌握金鱼法的概念及分析步骤。

（2）能够运用金鱼法分析和解决实际问题。

二、思政育人目标

（1）帮助学生打破思维定式，培养创新精神。

（2）培养学生"大胆幻想，科学求证"的创新精神；要有梦想，在奋斗中实践。

三、育人主题

引导学生突破思维定式，用奋斗实现梦想。

四、案例设计

紧密围绕课程教学目标进行教学设计。首先，通过同学们耳熟能详的袁隆平研发海水稻，抗疫英雄钟南山、陈薇的先进事迹，十天建成火神山医院彰显的"中国速度"和"中国力量"等典型案例，让同学们看到突破思维定式、挑战不可能的重大现实意义；接下来，围绕金鱼法的解题步骤，引入"如何用空气赚钱"的案例，激发学生的兴趣，让他们看到环境保护的重要性；理论分析结束后，紧接着举出现实中"卖空气"的典型案例，让学生明确金鱼法的现实指导意义，也明确幸福是奋斗出来的，梦想需要汗水的浇灌，"绿水青山就是金山银山"，实现思政融入。

五、组织实施

（一）课程导入(Bridge-in)

1. 问题导向型教学(苏格拉底之问)

问题1："盐碱地里可以种水稻吗?"引发学生思考。（按照常识，这是不可能的。）

问题2："怎么可能呢？家里的水稻种进盐碱地是无法存活的。"引导学生继续思考"为什么"。

问题3："既然普通的水稻无法在盐碱地里生存，那有没有不普通的水稻呢?"

袁隆平及其团队研发出了适合在盐碱地里生长的海水稻。

2. 讲故事，引发共鸣

袁隆平一直有两个梦想：一个是禾下乘凉梦，另一个是杂交水稻覆盖全球梦。他在实现梦想的道路上并非一帆风顺。他研究杂交水稻的想法，当时有很多人不理解。

有的人说:“人家外国人都研究了几十年了,怎么还轮到你一个中专老师来研究呢?”袁隆平说:“什么都是外国的好,那还要我们干什么?我们国家还有什么创新、创造可言呢?”面对别人的质疑,袁老坚持不懈地在田间地头寻找、实验,为梦想坚持和努力,终于获得了成功,并获得了世界的认可,被誉为“杂交水稻之父”。而海水稻,一个“化滩涂为良田,盐碱地稻花香”的梦想,也在袁老及其团队的努力下一步步变为现实,使我们能“把饭碗端在自己手里”。袁老的故事告诉我们,要有梦想,要坚持,要想办法将不可能的幻想变成现实。

3. 听听学生的想法

请同学们谈谈其他“打破思维定式”的案例,鼓励他们思考,并导入思政元素,总结成功的科研工作者身上的共同特质。给同学们提示,比如:疫情期间逆行而上的钟南山、陈薇等人的先进事迹,十天建成火神山医院体现出来的“中国速度”,港珠澳大桥钢筒围岛的创新设计等,让同学们看到创新的意义和价值。希望同学们形成批判思维,敢于挑战常识,克服思维惯性,养成“大胆幻想,科学求证”的科研精神。

(二)教学目标(Objective)

1. 知识目标

知道金鱼法的概念,熟练掌握用金鱼法解决问题的步骤。

2. 能力目标

能够运用金鱼法分析并解决生活中遇到的实际问题,提高解决问题的能力。

3. 素质目标

(1)帮助学生打破思维定式,培养创新精神。

(2)培养学生“大胆幻想,科学求证”的科研精神;要有梦想,在奋斗中实践。

(三)前测(Pre-assessment)

1. 排序题

根据课前观看的学习视频,请给以下金鱼法的解题步骤排序:(　　　　)。

A. 列出子系统、系统、超系统的可利用资源

B. 从可利用资源出发,对情境加以改变,才能实现看似不可行的部分,从而提出可能的解决方案

C. 提出问题,并回答问题:幻想部分为什么不现实

D. 将不现实的想法分为现实和幻想两个部分

E. 如果方案不可行,再次回到第一步,再将幻想构思部分进一步分解为现实和幻想两部分。如此反复进行,直至得到完全的、能实现的解决方案

F. 提出问题并回答问题:在什么条件下幻想部分可以变为现实

下图所示为金鱼法的解题流程图。

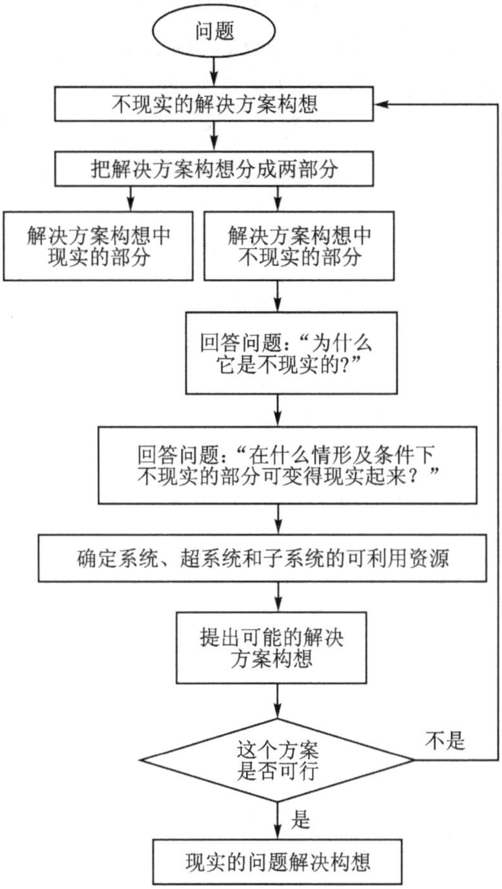

2. 竞答题

请运用金鱼法分析怎样用四根火柴棍(不能折断)摆成一个“田”字。

抢答，培养学生的竞争意识，并检测学习效果。重点强调对系统、子系统和超系统的概念的理解。

(四) 参与式学习(Participatory Learning)

1. 案例实操：如何用空气赚钱

一个没有任何资源优势的山区，一个没有品牌优势的农村，一群不善于炒作的人，守着唯一的优势——没有污染的新鲜空气。新鲜的空气值钱吗？应该如何卖它？

任务发布：小组讨论，并分享各组的看法，组间互评，教师总结。

用金鱼法分析的步骤如下：

第一步：将不现实的想法分为两个部分——现实部分与幻想部分。

精确界定什么样的想法是现实的，什么样的想法看起来是不现实的，其中现实的部分是空气、钱、赚钱；不现实的部分是出售空气。

第二步：提出问题并回答问题，解释为什么幻想部分不可行。

由于空气为大家享有，它就在我们的身边，取之不尽，因而人们认为它不能卖钱。

第三步：提出问题并回答问题，在什么条件下幻想部分可变为现实。

在下列条件下，空气可以卖钱：空气资源短缺，即它的供应有限；它包含某些特殊成分或者具有某些特殊功能；它要通过特定手段来输送，而不能直接呼吸；周围的大气不适合呼吸。

第四步：列出子系统、系统、超系统的可利用资源。

在超系统中，存在许多这样的情境：空气供给不充足，例如在飞机中、在飞船中、在地下、在高山上、在水下；需要人工呼吸，例如在心脏病发作期间；需要空气中含有特殊成分，例如深潜水中可使用基于氦的混合物，肺病患者可使用桉树芳香化的空气；空气不适合呼吸，例如火灾期间空气中含有高浓度的一氧化碳。

第五步：从可利用资源出发，对情境加以改变，实现看似不可行的幻想部分。

将这一新想法与初始想法的可行部分组合为可行的解决方案。在下列条件下，空气可以卖钱：针对空气有限的情况出售空气，例如在水下或地下作业时；在污染严重的大城市中出售有益于健康的空气供呼吸使用，如海上或山区的空气；出售空气净化装置，或者可制备有益于健康的空气的装置；出售芳香化的空气。

虽然在许多情境下空气确实可以卖钱，但它仍然不能在“正常条件下”出售，即无法在空气充足且新鲜的地方出售。

借助以下流程图与学生一起回顾解题过程：

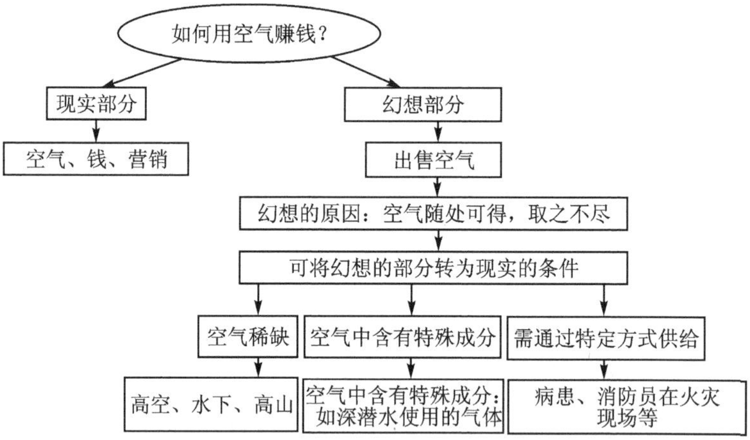

2. 强调重难点

强调在运用金鱼法解决问题的时候，一定要充分分析系统、子系统和超系统中的可利用资源，不能因受思维定式的影响而轻易否定自己的想法。

3. 结合实际，突出思政主题

引出现实中“卖空气”的案例：羊杰，人称“空气哥”，他在浙江金华磐安，用一种尽乎天方夜谭的方式——卖空气，轻松年赚400万元。他的空气不仅在国内热销，而且远销日本、韩国、西班牙、美国，回头客非常多。

请同学们谈谈：“如果让你来卖空气，你要怎么卖?”引发学生深度思考，然后听听他们的发言，再说出羊杰的做法。

(1) 首先，选址很重要。羊杰选择了磐安，那里自然环境很好，森林覆盖率达93%，而且他把厂区建在一个大水库旁边，那里的空气质量好、负氧离子多。

(2) 利用专业知识，踏实做事。他卖空气并不是靠炒概念，而是做实事。他本来是做实验室气体的，具备很强的气体专业知识。他的罐装空气先经过采集、纳米除菌，然后进行紫外线照射、翻倍加压等过程，最终排除了每瓶空气中的安全隐患。不管是灌装空气的相关技术，还是产品外观，羊杰都申请了专利。

(3) 总结反思。让学生说说羊杰的成功之道，然后教师总结。让学生知道，“卖空气”也是有技术含量的。面对梦想，只想是不够的，要脚踏实地，具体落实。“幸福都是奋斗出来的”“绿水青山就是金山银山”，倡导大学生靠奋斗实现梦想，保护好我们的绿色家园，实现思政融入。

(五) 后测(Post-assessment)

运用同伴教学法，请同学们两两组合，互相介绍用金鱼法解决“如何用空气赚钱”问题的案例。遇到问题时，由同学们进行讨论、解答，鼓励生生互动，以提高知识留存率，发挥学生示范的作用。学生之间相互进行评分，形成良性竞争。

(六) 总结(Summary)

你有类似的梦想吗？说出你的梦想，试着用金鱼法来实现吧！

告诉同学们，我国非常重视创新创业教育，“互联网+”创新创业大赛、大学生创新创业项目、“挑战杯”等都为他们实现梦想提供了平台，鼓励学生积极参与，敢想会创。同时，回应“奋斗实现梦想”的思想育人主题。

六、总结反思

(一) 优　点

开篇，紧密结合教学目标，通过袁隆平研发海水稻，抗疫英雄钟南山、陈薇迎难而上，十天建成火神山医院体现出来的“中国速度”，以及港珠澳大桥圆筒围岛的创新设计等典型案例进行课程导入，让同学们看到突破思维定式的现实意义和价值，具有很强的时代性和教育意义；通过对“如何用空气赚钱”的分析，激发学生的兴趣，帮助他们熟练掌握利用金鱼法解题的流程，知道资源分析和环境保护的重要性。紧接着，利用现实生活中成功“卖空气”的案例，让同学们看到金鱼法的实用性，适时进行思政融入；同伴教学法有利于发挥学生示范的作用，提高学生对知识的掌握程度，也利于知识的内化；将金鱼法与学生的梦想结合，让学生知道实现梦想的正确途径，为其实现梦想指明了方向。

（二）不足及改进措施

学生对创新课的认识还存在不足，应利用课余时间多给他们讲讲“互联网＋”创新创业大赛的案例，通过身边的同学参加各类创新大赛获奖的事迹，让学生看到创新就在自己身边，鼓励其积极参与各类创新大赛，真正实现以赛促学，提高学生创新实践能力。

“概率论与数理统计”课程思政教学案例

课程名称：概率论与数理统计

学时/学分：48/3

课程类别：通识教育必修课

适用专业：工科及经管类各本科专业

主讲教师：刘玉堂、刘慧芳、杨晓航、张宁

双学科团队：任经辉、刘慧芳、杨晓航、张宁

课程简介：

“概率论与数理统计”课程是研究随机现象客观规律的数学学科，它从数量侧面研究随机现象的统计规律性，是高等院校工科和经济管理类等专业的一门重要的通识教育必修课。它系统阐述了概率论和数理统计的基本内容、理论和应用方法。通过对本课程的学习能使学生了解概率与数理统计的基本概念和基本理论，初步掌握处理随机现象的基本思想和方法，培养学生运用概率统计方法分析和解决实际问题的能力，提高学生的抽象思维能力、逻辑推理能力、科学计算能力、自学能力，培养周密思考、严谨推理的科学态度。

课程教学中把马克思主义立场观点方法的教育与科学精神的培养结合起来，注重科学思维方法的训练和科学伦理的教育，培养学生探索未知、追求真理、勇攀科学高峰的责任感和使命感；同时将思想政治教育中的三观教育、社会主义核心价值观和中国特色社会主义理论等无痕融入授课过程中，在潜移默化中坚定学生理想信念、厚植爱国主义情怀，将价值塑造、知识传授和能力培养三者融为一体，寓价值观引导于知识传授和能力培养之中，努力使学生成为德智体美劳全面发展的社会主义建设者和接班人。

案例一：透过现象看本质——数学期望

一、课程教学目标

（1）知识目标：了解数学期望的由来，理解离散型随机变量数学期望的概念，掌握离散型随机变量数学期望的方法。

（2）能力目标：能够利用随机变量数学期望解决相关实际问题，培养学生理解、分析、解决问题的能力和知识迁移能力。

二、思政育人目标

（1）通过探析数学期望概念，培养学生严格的科研精神。

（2）构建数学期望在实际生活中的应用案例，在提升学生知识应用和迁移能力的同时，培养学生形成正确的人生观、价值观，弘扬社会主义核心价值观。

（3）让学生自己利用数学期望的实际意义解读脱贫攻坚政策，使学生更好地理解国家的大政方针政策，感受我国社会主义制度的优越性，增强“四个自信”。

三、育人主题

科学精神、社会主义核心价值观、“四个自信”。

四、案例设计

本节课综合运用任务驱动法、自主学习法、问题探究法、练习法等多种教学方法，采用线上线下混合教学模式，主要分为课前备学、课中提升、课后巩固拓展三个阶段。首先通过提出“买彩票能否一夜暴富”的问题，提升学生的学习兴趣；接着利用分赌本问题引导学生探析数学期望的概念，并给出离散型随机变量数学期望的严格定义；然后紧扣定义，通过典型的随机变量的数学期望的计算，突出本节课的重点；最后再利用数学期望对实际应用案例进行剖析，引导学生采用数学期望来揭示问题的本质，提升学生学以致用的能力。

在探析利用加权平均方法给出数学期望概念的过程中，**培养学生严格的科研精神**；通过剖析数学期望在实际生活中的应用案例，**引导学生透过现象揭示问题的本质，帮助学生逐步树立辩证唯物主义世界观，使学生形成正确的人生观和价值观，牢固树立社会主义核心价值观**；课后延伸拓展中让学生**利用数学期望解读脱贫攻坚政策，感受社会主义制度的优越性，增强“四个自信”**。

五、组织实施

(一) 课前备学

1. 教师备学

(1) 教师将课程资料(课程视频、教学课件、预习题目等)上传到"学习通"和"雨课堂"平台,让学生自主学习。

(2) 精心设计课堂教学过程,提升课堂学习效率。

(3) 准备课后巩固拓展资料(考研相关、教科研论文等)。

2. 学生备学

(1) 学生自主学习"学习通"平台上的课程资料。

(2) 完成"雨课堂"上的预习题目,自查预习效果,带着问题进入课堂学习。

教学意图:教师提前备学,做好教学的顶层设计,对提高课堂教学效率非常重要。学生根据自己的学习习惯,整合碎片化时间提前备学,带着问题进入课堂,提升学习效率。

(二) 课堂提升

1. 签到、检查课前预习情况

利用"雨课堂"签到查看学生预习情况和预习习题作答情况,并及时给出反馈。

2. 课程导入

(1) **提出问题:**你幻想过通过买彩票一夜暴富吗?为什么网上报道那么多人中大奖,可是我们自己却很难中奖呢?本节课将利用数学期望的相关知识,揭示其中的奥秘。

教学意图:利用自制教具吸引学生的注意力,问学生买彩票是否中过奖,引起学生思考,提升学生的学习兴趣,引入本节课的主要内容。

(2) **分赌本问题:**甲、乙两赌徒赌技相同,各出赌注 50 金币,每局中无平局。他们约定,谁先赢三局谁就得到全部 100 金币的赌本。当甲赢了两局,乙赢了一局时,因故要中止赌博,那么这 100 金币如何分才算公平?

帕斯卡与另一位法国数学家费马在一系列通信中就这一问题展开了讨论,提出了概率论中非常重要的概念——数学期望。

帕斯卡认为甲的"期望"所得应为 $0\times\frac{1}{4}+100\times\frac{3}{4}=75$ 金币;乙的"期望"所得应为 $100-75=25$ 金币。这种方法既照顾到了已赌结果,又包括了再赌下去的一种"期望",甲、乙双方都乐于接受。这就是"数学期望"这个名称的由来。在计算随机变量的取值平均水平的时候,必须要考虑两点:取值和相应的概率(权重)。

3. 离散型随机变量的数学期望讲解(重点知识)

定义 1 设离散型随机变量 X 的分布律为：$P\{X=x_k\}=P_k, k=1,2,3\cdots$

则称该级数 $\sum_k x_k p_k$ 为随机变量 X 的数学期望,记为 $E(X)$。

即
$$E(X)=\sum_{k=1} x_k p_k$$

教学意图:通过分赌本问题引出数学期望的概念,讲解有趣的数学史,在提升学生学习兴趣的同时,利用加权平均的思想探究离散型随机变量数学期望的概念,在加深学生对概念理解的同时,**潜移默化地培养学生的科学研究和钻研精神以及辩证思维能力**。

4. 典型例题讲解

例 1 设随机变量 X 的概率分布为:

X	1	2	3
P	0.4	0.2	a

求:(1)常数 a 的值;(2)X 的数学期望 $E(X)$。

例 2 **(选拔运动员)**已知甲、乙两名射击运动员,需选拔一人参加运动会,过去的记录显示二人的技术水平如下,请问哪个射手技术较好?

甲:

X	8	9	10
P	0.3	0.1	0.6

乙:

Y	8	9	10
P	0.2	0.5	0.3

例 3 **(骰子游戏)**掷一枚均匀的骰子,直到出现 6 点为止。用 X 表示投掷的次数,求 X 的数学期望。

教学意图:通过对典型随机变量的数学期望的计算进行举例说明,突出本节课的知识重点,引导学生逐步理解数学期望的概念、掌握其计算方法,并回顾前面所学的知识。

5. 数学期望的应用

例 4 **(购买彩票)**某彩票中心发行彩票 10 万张,每张 2 元,奖项设置如下:

奖　项	一等奖(1 张)	二等奖(2 张)	三等奖(10 张)	四等奖(100 张)	五等奖(1000 张)
金额/元	10000	5000	1000	100	10

求一张彩票的期望所得。

例 5 (**保险问题**)某保险公司售卖一款人生意外险,每年保金 1000 元,如果出现意外,保险公司赔付 100 万元,设客户出意外的概率为 1/10000,问此款保险产品设计得对投保人合理吗?

例 6 (**投资问题**)某人欲用 10 万元进行投资,方案有两种:(1)投资股票,经济形势好的话可获利 4 万元,形势中等可获利 1 万元,形势差将损失 3 万元;(2)存入银行获利息,设银行利率为 3%,经济形势好、中、差的概率分别为 30%、50%、20%。应如何投资?

教学意图:此处首尾呼应,收到了提出问题、解决问题的效果,使学生情绪高涨。例 4 中再研究买彩票问题,回到开始提出的问题,回应开头,并对学生进行**思政教育,告诫学生脚踏实地学习,掌握本领为国奉献,形成正确的价值观,进一步树立社会主义核心价值观**;例 5 保险问题和例 6 投资问题**引导学生利用数学知识揭示现象背后的数学原理,提升辩证思维能力,逐步树立辩证唯物主义世界观。**

6. 数学实验

数学期望在数学软件 Matlab 中的实现。

教学意图:通过利用 Matlab 软件计算数学期望,提高学生的软件应用和科学计算能力。

7. 小 结

(1) 离散型随机变量 X 数学期望 $E(X)=\sum_{k=1} x_k p_k$。

(2) 计算步骤:(i)计算概率分布;(ii)应用公式 $E(X)=\sum_{k=1} x_k p_k$。

教学意图:课程总结,进一步提炼教学重点,化解难点。

(三) 课后巩固拓展

1. 课后练习与思考

(1) 调查福彩双色球中奖规则,计算购买一张彩票的期望所得。

(2) 查阅脱贫攻坚相关政策和数据,尝试利用数学期望的实际意义解读脱贫攻坚政策。

教学意图:课后的思考练习可以巩固课堂所学知识,进行课堂延伸,为下节课的学习打下基础;让学生自己构建案例,利用数学期望的实际意义解读脱贫攻坚政策,分析脱贫攻坚政策背后的数学概念,**使学生更好地理解国家的大政方针政策,感受我国社会主义制度的优越性,增强"四个自信"。**

2. 课后提升拓展

(1) 赵晓燕. 基于数学期望的新冠肺炎核酸检测方法[J]. 大学数学,2020,36(6).

(2) 张博. 浅析农业经济环境下数学期望在农业生产中的运用 [J]. 山西农经,

2020,24.

(3) 陈亚丽,谭琳,杨润涵. 数字特征与投资理财——数学期望与方差的应用案例分析[J]. 教育现代化,2020,7(54).

教学意图:学生在课后阅读相关科研文献,可以进一步加深对知识的理解,开阔视野,了解学科发展前沿信息,提升应用和创新能力。

六、总结反思

本案例的教学设计环环相扣,首先利用学生们关心的买彩票问题引出本节课要讲授的内容,利用历史上著名的分赌本案例,激发学生的学习兴趣,培养学生理解、分析、解决问题的能力,结合彩票购买、保险问题、投资问题等实际问题,增强了课程内容的实用性、趣味性,提升了学生的知识应用和迁移能力;知识传授和价值引领并重,实现课程思政无痕融入,润物无声。

课程教学设计与专业知识结合有待进一步加强,授课过程中应结合学生的专业需要增加相应的知识讲解,使基础课对专业课的支撑效果更加突出;授课教师的思想政治理论水平有待进一步提高,专业课教师应强化与思政课教师的交流学习,进而提高课程思政的教学效果。

案例二：大胆假设，小心求证——贝叶斯公式

一、课程教学目标

(1) **知识目标**：理解贝叶斯思想并掌握用贝叶斯公式求概率的方法，了解贝叶斯公式在机器学习中的简单应用。

(2) **能力目标**：培养学生由浅入深分析、解决问题的能力和知识迁移能力。

二、思政育人目标

(1) 通过**构建贝叶斯公式在生活中的应用**，让学生充分体会概率统计知识和实际生活紧密联系，提升学习兴趣，培养学生**严谨的科研精神，提升学生的创新能力**。

(2) **通过设计银行信用评价案例**，用贝叶斯公式计算贷款人按期还款后银行对他的信用评价，**教育学生做人做事都要诚实守信**，以陶行知的名言“千教万教教人求真，千学万学学做真人”勉励学生诚实守信。

(3) **利用名人轶事对学生进行人文素质教育**。贝叶斯虽然名气不大，著作很少，但影响深远，贝叶斯公式成就了一个统计学科方向，通过介绍贝叶斯生平，**激励学生不畏艰险、勇于奋斗**。

三、育人主题

人生观、世界观、社会主义核心价值观。

四、案例设计

通过有关“产品抽样问题”的实际案例引导学生比较正反问题的不同，了解相关知识背景，进一步共同探索反问题的特点及其在条件概率框架下的形式，得到贝叶斯公式的具体形式及求解方法；然后设计了银行的信用评价问题，通过建立数学模型，利用贝叶斯公式计算小李按期还款后银行对他的信用评价，解释先验概率和后验概率的含义；信用评价问题后，又设计了一个实际问题——三门问题(Monty Hall Problem)。在大家都比较熟悉的问题中，挖掘出贝叶斯公式应用这个亮点。告诉学生，贝叶斯公式是怎样在人工智能方面应用的，拓宽学生的知识面；最后向学生介绍贝叶斯生平和贝叶斯公式的广泛应用。

通过介绍贝叶斯公式的发展历程，提升学生的学习兴趣，培养学生**追本溯源、勇于探究的科学精神**；3个应用案例贴近生活，银行信用评价**教育学生诚实守信、脚踏实地学习，掌握本领为国奉献**；贝叶斯虽然名气不大，著作很少，但影响深远，贝叶斯公式成就了一个统计学科方向，通过介绍贝叶斯生平，**激励学生不畏艰险、勇于奋斗**。

五、组织实施

（一）课前备学

1. 教师备学

（1）教师将课程资料（课程视频、教学课件、预习题目等）上传到“学习通”和“雨课堂”平台，让学生自主学习。

（2）精心设计课堂教学过程，提升课堂学习效率。

（3）准备课后巩固拓展资料（考研相关、教科研论文等）。

2. 学生备学

（1）学生自主学习“学习通”平台上的课程资料。

（2）完成“雨课堂”上的预习题目，自查预习效果，带着问题进入课堂学习中。

教学意图：教师提前备学，做好教学的顶层设计，对提高课堂教学效率非常重要。学生根据自己的学习习惯，整合碎片化时间提前备学，带着问题进入课堂，提升学习效率。

（二）课堂提升

1. 签到、检查课前预习情况

利用“雨课堂”签到查看学生预习情况和预习习题作答情况，给出及时反馈。

2. 课程导入

提出问题：一个复杂事件的发生有多种可能的原因，那么是哪个原因导致了其发生呢？这样的概率又该怎样计算？

引例：（产品抽样问题）某仓库有同样规格的产品六箱，其中甲、乙、丙厂的产品依次为 2 箱、2 箱和 1 箱，三厂的次品率分别为 0.1、0.08、0.05。现从这五箱中任取一箱，再从取得的一箱中任取一件。提出问题：若抽到的是次品，则该产品最有可能是哪个厂的产品？

解：设$A=$｛取得的一件为次品｝，

$B_1=$｛取得的一件为甲厂的产品｝，

$B_2=$｛取得的一件为乙厂的产品｝，

$B_3=$｛取得的一件为丙厂的产品｝

$$P(A)=P(B_1)P(A|B_1)+P(B_2)P(A|B_2)+P(B_3)P(A|B_3)=0.082$$

$$P(B_1|A)=0.49, P(B_2|A)=0.39, P(B_3|A)=0.12$$

教学意图：从“产品抽样问题”出发，引导学生比较正反问题的不同，了解“条件概率反问题导致了贝叶斯公式的产生”，进一步探索反问题的特点并最终得到贝叶斯公式，这样可以使学生理解贝叶斯公式的实质，培养学生对知识追本溯源的能力，深化学生的理解层次，进而增强其解决实际问题的能力。

3. 贝叶斯公式及其应用(教学重点)

定理(贝叶斯公式)若 $B_1, B_2, \cdots, B_n$ 为一个完备事件组且 $P(B_i)>0, i=1,2,\cdots,n$，A 为任一事件，则 $P(B_i|A)=\dfrac{P(B_i)P(A \mid B_i)}{\sum\limits_{j=1}^{n} P(B_j)P(A \mid B_j)}, i=1,2,\cdots,n$

证明：$P(B_i|A)=\dfrac{P(AB_i)}{P(A)}=\dfrac{P(B_i)P(A \mid B_i)}{\sum\limits_{j=1}^{n} P(B_j)P(A \mid B_j)}$

注意：(1) 贝叶斯公式是在结果已经发生的条件下，寻找各“原因”发生的条件概率，所以说，贝叶斯公式解决的是追根溯源问题，其主要用于帮助人们分析导致结果发生的主要原因。

(2) 通常将 $P(B_i)$称为事件 B_i 发生的先验概率，$P(B_i|A)$称为事件 B_i 发生的后验概率。A 称为新信息，有了新信息以后，要求一个 B_i 发生的更新的概率。

教学意图：引导学生理解贝叶斯公式的实质是条件概率，掌握先验概率、后验概率的概念。

例 1 (银行信用评价问题)小李去银行贷款，银行最初对他并不了解，认为他守信和不守信的概率相等，均为 0.5。假设守信的人按期还款的概率是 0.9，不守信的人按期还款的概率是 0.5，现在银行检测到小李完成一次按期还款，求银行对小李的信用评价；若小李连续两次按期还款，求银行对他的信用评价。

解：设 $A=\{$按期还款$\}$　$B=\{$小李守信$\}$

要求的是 $P(B|A)$，$P(B|A)=\dfrac{P(AB)}{P(A)}=\dfrac{P(A|B)}{P(A)}\times P(B)$

根据已知 $P(B)=0.5, P(\overline{B})=0.5, P(A|B)=0.9, P(A|\overline{B})=0.5$

$$P(A)=P(B)P(A|B)+P(\overline{B})P(A|\overline{B})=0.9\times 0.5+0.5\times 0.5=0.7$$

所以 $P(B|A)=\dfrac{P(AB)}{P(A)}=\dfrac{P(A|B)}{P(A)}\times P(B)\dfrac{0.9}{0.7}\times 0.5\approx 0.64$

小李通过一次按期还款，改变了银行对他的认识，由先验的守信概率 0.5 调整到了后验的守信概率 0.64，确实通过按期还款改变了银行对他的认识。

教学意图：通过银行的信用评价问题，引导学生的数学辩证思维，提高学生对全概率公式和贝叶斯公式的综合运用能力。

思考：如果小李再一次按期还款，银行是如何重新评估的呢？

注意，此时银行认为小李守信的概率已经不是最初的 0.5 了，而是调整以后的 0.64，不守信的概率只有 0.36，再次按照贝叶斯公式计算，

$$P(B|A)=\frac{P(B)P(A|B)}{P(B)P(A|B)+P(\overline{B})P(A|\overline{B})}=\frac{0.64\times 0.9}{0.64\times 0.9+0.36\times 0.5}=0.76$$

通过又一次按期还款，信用评价再次得到提升。

教学意图：通过设计银行信用评价案例，用贝叶斯公式计算贷款人按期还款后银行对他的信用评价，并将先验概率和后验概率进行对比，揭示诚信的重要性。**教育学生做人做事都要诚实守信，以陶行知的名言“千教万教教人求真，千学万学学做真人”勉励学生诚实守信。**

学生讨论：如果小李连续4次保持按期还款，他的守信概率会达到多少？

经过讨论计算可知，经过4次按期还款，小李的守信概率将由最初的0.5持续上升到0.91。

教学意图：贝叶斯公式的精髓是由先验概率求后验概率，再用后验概率修正前者，反复进行这一操作，合乎唯物主义哲学中“认识”与“实践”的辩证关系。**结合中国共产党的发展史，教育学生在工作和学习中遇到困难时要先大胆假设，给出自己的判断，然后小心求证，不断搜集新的信息，优化自己的判断。**

在“学习通”上发放随堂练习：

练习：(浇花问题)白浅要闭关几天，府上有一盆金莲花需要看管，于是闭关前交由邻居夜华帮忙照看。如果几天内夜华记得浇水，则金莲花的存活率是0.9，如果夜华忘记浇水，则金莲花的存活率是0.2。假设白浅对夜华并不了解，即可以认为夜华记得浇水和忘记浇水的概率均为0.5，求白浅出关后金莲花存活的概率？若白浅出关后发现金莲花还活着，那么夜华记得浇水的概率有多大？

教学意图：结合课堂练习中出现的问题，强调全概率公式和贝叶斯公式的使用条件，提高学生对公式的综合运用能力。

4. 数学实验(教学难点)

例2　三门问题亦称为蒙提霍尔问题或蒙提霍尔悖论，大致出自美国的电视游戏节目 *Let's Make a Deal*，其名字来自该节目主持人的名字 Monty Hall。参赛者会看到三扇关闭了的门，其中一扇的后面有一辆汽车，选中后面有车的那扇门可赢得该汽车，另外两扇门后面则各藏有一只山羊。设参赛者选定了1号门，但未去开启它的时候节目主持人打开了3号门，露出其中一只山羊。主持人随后会问参赛者要不要换成2号门。

讨论思考：换另一扇门会否增加参赛者赢得汽车的概率？

分析：设$A=\{$主持人打开3号门$\}$，

$$B_i=\{\text{汽车在第 } i \text{ 号门后}\},i=1,2,3$$

由题意知 $P(B_1)=P(B_2)=P(B_3)=\dfrac{1}{3}$

另外，在 B_1 发生的情况下，主持人打开3号门的概率为$\dfrac{1}{2}$；如果 B_2 发生，主持人必然打开3号门；如果 B_3 发生，则主持人只能打开2号门。所以 $P(A|B_1)=\dfrac{1}{2}$，$P(A|B_2)=1$，$P(A|B_3)=0$

这样,由贝叶斯公式:

$$P(B_1|A)=\frac{P(B_1)P(A|B_1)}{P(B_1)P(A|B_1)+P(B_2)P(A|B_2)+P(B_3)P(A|B_3)}=\frac{1}{3}$$

因此,在主持人打开3号门的条件下,车在1号门后的可能性是$\frac{1}{3}$,所以车在2号门后的可能性是$\frac{2}{3}$,也就是说,改变选择后选中车的概率增大一倍。

教学意图:这是一个概率和人的直觉不太符合的例子,这告诉我们**在做基于量化的判断时,要以事实和数据为依据,而不能凭主观来判断。**否则,想当然的结果往往会在我们不自知的情况下把我们引入歧途。

随机模拟三门问题:

设两只羊的编号分别为“1”和“2”,汽车的编号为“3”,现从1、2、3中随机选取一个数字,若一开始选中1或2,则更换选择后选中3,即赢得汽车;若一开始选中3,则更换选择后选中1或2,即得不到汽车。将这样的试验重复进行n次,记录一开始选中1或2的次数m(即更换选择后赢得汽车的次数),可以确定更换选择后赢得汽车的频率m/n。由大数定律可知当试验次数n增大时,频率m/n趋近于更换选择后赢得汽车的概率。

思考:如何编程实现三门问题?

(参考答案)参赛者更换选择后赢得汽车的概率的MATLAB程序。

```
function p=SheepAndCar(n)
for i=1:length(n)
     x=randsample(3,n(i),true);
     p(i)=sum(x~=3)/n(i);
end
  p=SheepAndCar([10 100 1000 10000 100000 1000000])
p =0.5000 0.6300   0.6840   0.6691   0.6658   0.6666
```

由以上结果可以看出,随着抽样次数的增加,所求概率的模拟值逐渐趋于理论值2/3。

教学意图:通过数学实验,加深学生对数学概念和理论的理解,提高学生的动手能力和解决实际问题的能力。

5. 贝叶斯公式的发展历程

贝叶斯公式可以理解为:由先验概率得到后验概率,再由后验概率修正前者,因此它能提供科学的决策和推断方法。

贝叶斯公式需要大量的计算,因此在历史上的很长一段时间里无法得到广泛应用。等到计算机诞生以后,它才得到真正的重视。随着计算机能力的不断提高和大数据技术的发展,贝叶斯公式巨大的应用价值正在日益显现。贝叶斯公式在大数据、人工智能、机器学习、深海搜救、邮件过滤、疾病诊断等诸多领域都有广泛的应用。

教学意图：贝叶斯虽然名气不大，著作很少，但影响深远，贝叶斯公式成就了一个统计学科方向，通过介绍贝叶斯生平，激励学生树立勇于奋斗、乐观向上的人生态度和孜孜不倦、不畏艰险的学习精神；通过介绍贝叶斯公式的前沿应用信息，开阔学生的眼界并拓展其知识面。

6. 小　结

全概率公式：$P(A)=\sum_{i=1}^{n}P(B_i)P(A\mid B_i)$（化繁为简，执因索果）

贝叶斯公式：$P(B_i\mid A)=\dfrac{P(B_i)P(A\mid B_i)}{\sum_{j=1}^{n}P(B_j)P(A\mid B_j)}$（追根溯源）

教学意图：课程总结，进一步提炼教学重点，化解难点。

（三）课后巩固拓展

1. 课后练习与思考

思考题：

(1) 查找机器学习理论中的贝叶斯分类法。

(2) 探究生活中用到全概率公式和贝叶斯公式的问题。

课后练习题：（垃圾邮件过滤的简化问题）收集了1000封邮件，专家鉴定，其中正常邮件占80%，垃圾邮件占20%。扫描关键词“价格”，正常邮件中含关键词的邮件占0.125%，垃圾邮件中含关键词的占18%。扫描一封新的邮件，发现文本中含有“价格”这个关键词，请问这封邮件是垃圾邮件的可能性有多大？

2. 课后提升拓展

(1) 杨真真.贝叶斯算法在企业信贷决策中的应用[J].中国科技信息，2020，24(6).

(2) 傅莺莺.疾病检测中的概率问题：一例读懂贝叶斯公式[J].中国统计，2020，12.

教学意图：引导学生课后查阅文献，了解数学文化，进行深度思考；通过练习帮助学生更好地理解贝叶斯公式在生活中的应用，提升学生的实践能力。

六、总结反思

本案例的教学设计环环相扣，首先通过有关“产品抽样问题”的实际案例引导学生观察总结得到贝叶斯公式；然后设计了银行的信用评价问题，通过建立数学模型，解释先验概率和后验概率的含义；信用评价问题后，又设计了一个实际问题——三门问题，在大家都比较熟悉的问题中，挖掘出贝叶斯公式应用这个亮点。告诉学生，贝叶斯公式是怎样在人工智能方面应用的，拓宽学生的知识面；最后向学生介绍贝叶斯的生平及贝叶斯公式的广泛应用。课程内容实用性、趣味性强，提升了学生的知识应用和迁移能力;知识传授和价值引领并重,实现了课程思政无痕融入,润物无声。

课程教学设计与专业知识结合有待进一步加强,授课过程中,应结合学生的专业需要增加相应的知识讲解,这样可以使得基础课对专业课的支撑效果更加突出;授课教师的思想政治理论水平有待进一步提高,专业课教师应强化与思政课教师的交流学习,进而提高课程思政的教学效果。

“高等数学C”课程思政教学案例

课程名称：高等数学C
学时/学分：160/10
课程类别：通识教育必修课
适用专业：工科类本科专业
主讲教师：李坤
双学科团队：李贵敏、耿磊、陈静、李新芳

课程简介：

“高等数学C”是以微积分理论为核心内容，以函数为基本研究对象的一门自然学科，是我校工科类本科专业的一门通识教育必修课。通过本课程的学习，可使学生掌握微积分、空间解析几何、无穷级数和常微分方程等方面的基本知识和基本运算技能；培养学生具有空间想象能力、抽象思维能力、逻辑推理能力、较强的自我学习能力、可持续发展的能力，以及运用所学知识解决复杂问题的能力和高级思维；还可使学生具备探索未知、追求真理、勇攀科学高峰的责任感和使命感。

案例一：仰望星空，脚踏实地——数列的极限

一、课程教学目标

(1) 理解数列极限的概念并掌握极限的思想方法，了解数列极限的"$\varepsilon-N$"定义，并能够证明一些简单数列的极限。

(2) 培养学生的辩证思维能力、观察能力和抽象概括能力。

二、思政育人目标

(1) 引导学生初步认识有限与无限、近似与精确、量变与质变，揭示数学世界中的辩证关系，帮助学生逐步树立辩证唯物主义世界观，掌握辩证唯物主义方法论。

(2) 了解中国古代数学文化，激发学生的文化自信和民族自豪感，厚植爱国主义情怀。

三、育人主题

辩证唯物主义世界观、文化自信。

四、案例设计

首先通过芝诺悖论和截仗问题引入数列极限的思想；接着结合 GeoGebra 动态数学软件演示，引导学生观察总结出数列极限的描述性定义；然后采用启发式和讨论式教学法，让学生概括总结出数列极限的精确性定义；最后，进行中国古代数学文化方面的知识拓展。

通过极限思想中体现的量变质变原理：量变达到一定程度一定会引起质变的发生，事物发展都是以量变开始，到质变终结并同时开启新的量变，教育学生在以后的工作和学习中要仰望星空、树立远大目标，然后脚踏实地、一步一个脚印地前进；通过介绍魏晋时期数学家刘徽的割圆术中蕴含的极限思想，及祖冲之关于圆周率的杰出成就在国际上遥遥领先一千多年的数学文化，激发学生的文化自信和民族自豪感，厚植学生的爱国主义情怀。

五、组织实施

(一) 预习任务

课前通过"学习通"发布预习任务和视频材料：(1)回顾数列的相关知识点；(2)观看视频，体会有限和无限的辩证关系；(3)提出问题：尝试用无限的思想来破解芝诺悖论；(4)提出问题：判断下面的等式是否成立：$0.9999\cdots\cdots=1$。

教学意图：通过完成课前预习任务，让学生尝试用无限的思想来考虑问题。

(二) 课程导入

截仗问题:战国时代哲学家庄周所著的《庄子·天下篇》引用过一句话:“一尺之棰,日取其半,万世不竭。”把木棒的长度按照时间增长的顺序排列出来可得:$\frac{1}{2}$,$\frac{1}{4}$,$\frac{1}{8}$,…,$\frac{1}{2^n}$,…。提出问题:用初等数学有限的思想能破解这种类似于芝诺悖论的问题吗?

教学意图:引导学生认识到高等数学是一门研究无限的学科,这也是高等数学和初等数学的一个本质区别。

(三) 数列极限的描述性定义

定义1 若函数的定义域为全体自然数 N,则称函数 $x_n=f(n)$为数列,记作$\{x_n\}$。x_n 称为通项(一般项)。函数图形:平面上的点集(n,x_n)。

用无限的思维研究数列就是讨论当 n 无限增大时,对应的 $x_n=f(n)$能否无限接近于某个确定的值,如果可以,这个数值等于多少?结合 GeoGebra 软件观察数列的变化趋势:

例1 $\left\{\frac{n}{n+1}\right\}$,$\{2^n\}$,$\left\{\frac{1}{2^n}\right\}$,$\{(-1)^{n-1}\}$

教学意图:引导学生结合直观的动图,观察数列的变化趋势,总结出数列极限的描述性定义。

定义2 对于数列$\{x_n\}$,如果当 n 无限增大时,数列的一般项 x_n 无限地接近于某一确定的数值a,则称常数 a 是数列$\{x_n\}$的极限,或称数列$\{x_n\}$收敛于 a。记为$\lim\limits_{n\to\infty}x_n=a$。如果数列没有极限,就说数列是发散的。

例2 利用数列极限定义证明:0.9999……=1。

★ 思政融入点1:揭示极限思想中体现的量变与质变的辩证关系:没有量变的积累,质变就不会发生;量变达到一定程度一定会引起质变的发生;事物发展都是以量变开始,到质变终结并同时开启新的量变。所有事物,包括所有人的发展,都是这样量变质变的交替循环。而且,并不是说一定要事物本身发生了内在性变化才叫做质变,还应当考虑事物与其他事物之间的作用(世界是一个统一的联系的整体,要考虑事物之间的关系,不能够设想所谓在无限空间内无限增长某事物的情景,那样毫无实际意义)。

教学意图:结合中国共产党的发展史,教育学生在工作和学习中要有追求卓越的精神,要仰望星空,树立远大目标,并选择正确的道路与方法,脚踏实地,一步一个脚印地前进。在结合辩证法加深学生对极限思想的理解的基础上,利用极限思想和量变质变原理破解芝诺悖论。

(四) 数列极限的精确性定义

思考 1 $\lim\limits_{n\to\infty}\frac{1}{n}=0$ 表示当 n 无限增大时，数列 $\left\{\frac{1}{n}\right\}$ 的一般项 $\frac{1}{n}$ 无限地接近 0。那么，如何用数学语言描述 n 无限增大时 $\frac{1}{n}$ 无限接近 0？为什么要用精确的数学语言来描述 n 无限增大和 $\frac{1}{n}$ 无限接近 0？

因为在微积分诞生后，由于缺乏严谨的极限定义，引发了第二次数学危机：微积分，一个连基础都不能被严谨定义的方法，到底能不能用？以柯西为代表的科学家经过不懈努力，给出极限的精确性定义，夯实了微积分的基础，保住了数学界的严谨逻辑，使其能够继续蓬勃发展。

教学意图：使学生了解极限精确性定义的产生在数学史上的重要意义。

思考 2 可以用 $\left|\frac{1}{n}-0\right|$ 的值来度量 $\frac{1}{n}$ 与 0 的接近程度。$\frac{1}{n}$ 无限接近 0 等价于 $\left|\frac{1}{n}-0\right|$ 无限小。那么，如何证明当 n 无限增大时 $\left|\frac{1}{n}-0\right|$ 无限小呢？

引导学生利用逆向思维证明：只要别人说出一个确定的值（不管有多小），我都可以让 $\left|\frac{1}{n}-0\right|$ 比这个值更小即可。找一位同学给出三个不同量级的正数表示接近程度，另外一位同学相应给出满足接近程度的项 $\frac{1}{n}$，列表 1 分析：

表 1

接近程度	满足接近程度的项 $\frac{1}{n}$
$\left\|\frac{1}{n}-0\right\|<0.1$	$n>10$
$\left\|\frac{1}{n}-0\right\|<\frac{1}{10^3}$	$n>10^3$
$\left\|\frac{1}{n}-0\right\|<\frac{1}{10^8}$	$n>10^8$
$\left\|\frac{1}{n}-0\right\|<\varepsilon$	$n>N$（与 ε 有关）

总结：引入希腊字母 ε 表示任意小的正数，对于给定的 ε，都可以找到一个 N，当 $n>N$ 时，$\left|\frac{1}{n}-0\right|<\varepsilon$。

教学意图：通过观察分析，抽象概括出极限的精确性定义，培养学生的抽象概括能力。

定义 3 设数列$\{x_n\}$，如果存在常数a，对于任意给定的正数ε（不论它多么小），总存在正整数N，使得当$n>N$时，不等式$|x_n-a|<\varepsilon$都成立，则称常数a是数列$\{x_n\}$的极限，或称数列$\{x_n\}$收敛于a。记为

$$\lim_{n\to\infty}x_n=a。$$

如果数列没有极限，就说数列是发散的。

GeoGebra 软件动画展示数列极限的几何解释：对于任意给定的正数ε（不论它多么小），总存在正整数N，使得当$n>N$时，所有的点(n,x_n)都落在$a-\varepsilon<x_n<a+\varepsilon$这个带形区域内。

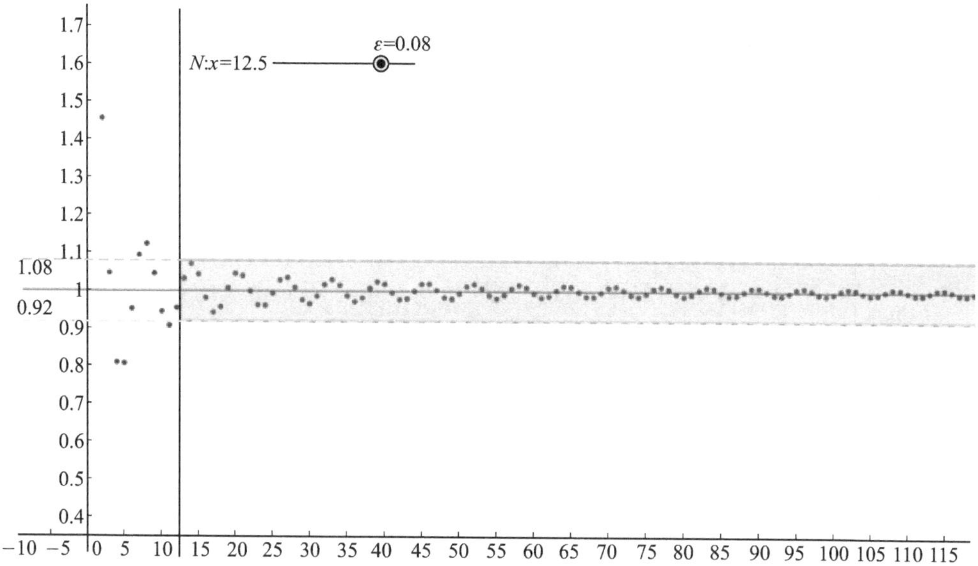

在"学习通"上发放随堂练习：

练习 1 "对于某一确定的正数ε_0，如果存在正整数N，使得当$n>N$时，有$|x_n-a|<\varepsilon_0$"是数列$\{x_n\}$收敛于a的（　　）条件。

练习 2 "对于任意给定的$\varepsilon\in(0,1)$，总存在正整数N，当$n>N$时，恒有$|x_n-a|\leqslant 2\varepsilon$"是数列$\{x_n\}$收敛于$a$的（　　）条件。

练习 3 证明$\lim\limits_{n\to\infty}\dfrac{n+(-1)^{n-1}}{n}=1$。

教学意图：结合课堂练习中出现的问题，强调极限定义中ε的任意性；并且从具体题目的严格证明过程中，引导学生体会数学的严谨性，教育学生要用严谨的态度对待学习和工作。

（五）中国古代数学文化中的极限思想

★ 思政融入点 2：（1）魏晋时期数学家刘徽的割圆术："割之弥细，所失弥少，割

之又割，以至于不可割，则与圆合体而无所失矣。"无论从学术思想的深度，还是从计算结果的精度来衡量，都是阿基米德的穷竭法所无法比拟的。割圆术中清晰地表达了极限概念，设计步骤类同于积分方法，它是通向高等数学的金桥。(2)祖冲之关于圆周率的杰出成就在国际上遥遥领先一千多年。(在古代，圆周率的精确度可以作为各个国家、各个民族数学发展水平的重要标志。)

教学意图：让学生体会祖先们所创造的辉煌历史的伟大，激发学生的文化自信和民族自豪感，厚植其爱国主义情怀。

(六) 拓展与思考

课后思考题：为什么在刘徽之后的千年岁月里，中国人并没有将割圆术发展成微积分，或是推上更高的学术境界?

课后分组练习题：查阅资料了解科赫雪花的生成原理，并证明科赫雪花的面积是有限的，周长是无限的。

教学意图：引导学生课后查阅文献，了解数学文化，进行深度思考，体会数列极限的应用。

六、总结反思

本案例充分运用现代化信息技术，搜集制作了丰富的视频材料、阅读材料和GeoGebra动画等教学资源，帮助学生直观地感受抽象的知识，提高学习兴趣；然后通过设置课堂提问、讨论、课堂练习和课后思考等环节，引导学生主动进行思考和探究；精心设计教学过程，使专业知识与思政元素无痕融合，从知识与能力、情感与态度、价值与立场这三个维度，组织课堂教学和课下阅读，同步实现价值塑造、能力培养、知识传授三位一体的教学目标。

预习任务和课程导入环节中的问题设置，如果能从学生角度出发，结合学生专业实际设计，引起学生共鸣，效果会更好；教师的专业知识储备和马克思主义理论水平有待进一步提高，在日常教学活动中，要努力将思政教育与专业课程内容教学进行有机结合，以便解决教学中的实际问题，提高课程思政的教学效果。

案例二：科学战“疫”，学以致用——可分离变量方程

一、课程教学目标

（1）熟练掌握常见的一阶微分方程的解法，会用机理分析的方法建立微分方程模型。

（2）培养学生的计算能力和应用所学知识建立模型解决实际问题的能力。

二、思政育人目标

（1）激发学生的爱国热情。

（2）通过建立数学模型描述新冠肺炎疫情的传播，教育学生要用科学的态度对待疫情，尊重科学。

（3）教育学生认识理论和实践的辩证关系。

三、育人主题

爱国主义精神、尊重科学、辩证唯物主义理论。

四、案例设计

本次课采用任务驱动教学法，结合新冠肺炎疫情中，我们采取了有效措施，提出问题“这些措施是否有理论依据？”接着，利用传播理论建立模型 1 并求解，然后让学生分组检验模型的合理性，并提出改进方案，进而得到第 2 个模型——SI 模型。接下来再次由学生检验，提出改进方案，得到第 3 个模型——SIS 模型。最后根据模型的结果解释我国采取的抗疫措施的科学性，并布置小组任务：讨论继续改进的可行性。

通过比较我国和美国以及印度疫情发展的现状，使学生认识到我国在疫情防控上取得的有效成果，体会社会主义制度的优越性，激发学生的爱国热情。从基础模型到 SIR 模型的改进，体现了“认识”和“实践”的辩证关系。通过整节课的学习，使学生能够科学地认识新冠肺炎疫情，不信谣，不传谣，培养他们尊重科学的态度。

五、组织实施

（一）预习任务

复习可分离变量方程的解法；查找相关材料，了解国内外新冠肺炎疫情的现状，讨论我国疫情防控采取了哪些有效措施；了解 $\frac{dy}{dx}=ay$（a 为常数）的解法。

教学意图:通过完成课前预习任务,让学生掌握国内外疫情的现状,并了解疫情防控采取的措施。

(二)问题导入

近两年新冠肺炎疫情肆虐全球,通过观察我国和美国以及印度新冠肺炎疫情条形图可发现,我国累计确诊人数、现有确诊人数和累计死亡人数均远远低于美国和印度,这说明我国采取了有效的防疫措施。下面用数学理论分析传染病传播的规律,解释防疫措施的有效性。

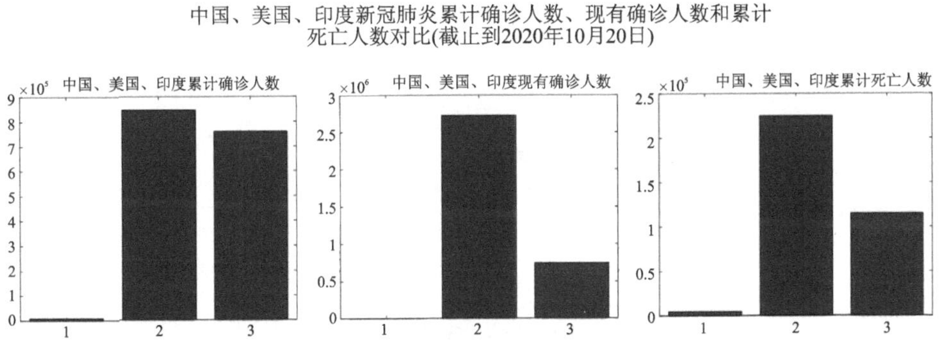

教学意图:通过对比我国和美国以及印度的抗疫成果,**让学生体会到社会主义制度的优越性。**

(三)模型1:基础模型

假设:已感染人数(病人)为 $x(t)$,每个病人每天有效接触(足以使人致病)人数为 λ.

建模:$\begin{cases} \dfrac{dx}{dt}=\lambda x \\ x(0)=x_0 \end{cases}$

求解:$x(t)=x_0e^{\lambda t}$.

思考:$x\to\infty\Rightarrow x(t)\to\infty$?

教学意图:采用科学的研究方法,从简单到复杂,掌握将现实问题"翻译"为数学问题的基本方法。

(四)模型2:SI模型

假设:

(1)总人数 N 不变,病人和健康人的比例分别为 $i(t)$,$s(t)$;

(2)每个病人每天有效接触(足以使人致病)人数为 λ,且使接触的健康人致病。

建模:$\begin{cases} \dfrac{di}{dt}=\lambda i(1-i) \\ i(0)=i_0 \end{cases}$

求解：

$$i(t)=\frac{1}{1+\left(\frac{1}{i_0}-1\right)e^{-\lambda t}}$$

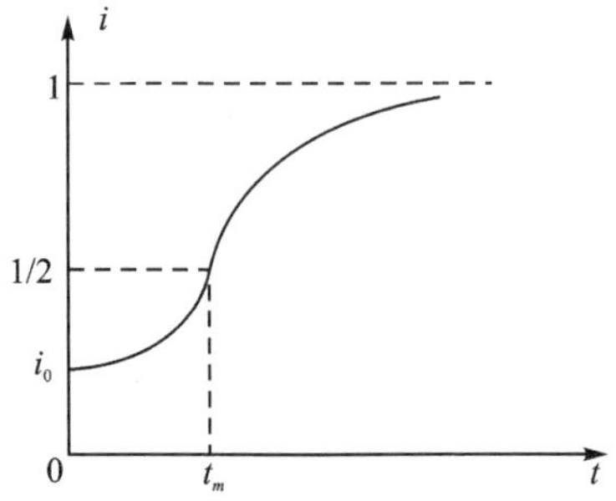

$t=t_m$，di/dt最大

传播高峰到来的时刻：

$$t_m=\lambda^{-1}\ln\left(\frac{1}{i_0}-1\right)$$

要延迟传播高峰到来的时刻，就要降低日接触率 λ。

我们建方舱医院，采取隔离措施，要求群众不聚集等都是出于这一目的。

思考：$t\to\infty\Rightarrow i\to 1$?

结果与事实不符，仍需改进。

教学意图：掌握模型检验的方法，以及模型与实际不符时的解决思路。体会“认识”和“实践”的辩证关系。

这场战“疫”中，我们学校的领导、老师、同学也都做出了突出贡献！作为学生，坚决服从校党委的领导，配合学校的防疫工作，就是为这场战“疫”做贡献。

（五）模型 3：SIS 模型和作业

问题：$t\to\infty$时 $i(t)\to 1$? 没有考虑病人可以被治愈。

传染病无免疫性——病人治愈成为健康人，健康人可再次被感染，建立 SIS 模型，布置为小组作业。

教学意图：让学生体会祖先们所创造的辉煌历史的伟大，激发学生的文化自信和民族自豪感，增强其爱国主义情怀。

六、总结反思

本案例中，将微分方程方面的知识与当前热点问题“新冠肺炎疫情”联系在一起，采用可分离变量方程的知识建立新冠肺炎疫情传播模型，分析其传播规律，站在数学的角度分析传染病是如何传播的，也解答了学生心头关于“数学到底有什么用?”的疑惑，坚定了他们认真学习数学的信念。在建模过程中，使学生通过对国内外疫情进行对比，了解到面对新冠肺炎疫情我们党和政府采取的措施是多么有效，激发学生的爱国热情。模型从易到难，符合我们认识事物的客观规律；对每一个模型都用事实去验证，然后进行改进，反复进行这一操作，合乎辩证唯物主义哲学中“认识”与“实践”的辩证关系。对结果进行分析时，以我们身边的真人真事为依据，使学生更感亲切，代入感更强烈。

模型检验的时候，课堂上只是从大致走势上进行对比，若代入具体数据，求出参数，得到完整的传染病模型，效果会更佳；教师的专业知识储备和马克思主义理论水平有待进一步提高，在日常教学活动中，要努力将思政教育与专业课程内容教学进行有机结合，以便解决教学中的实际问题，提高课程思政的教学效果。

“电气控制与PLC(B)”课程思政教学案例

课程名称：电气控制与PLC(B)
学时/学分：32/2
课程类别：专业课
适用专业：电气工程及其自动化等全校工科类本科专业
主讲教师：李金玉
双学科团队：张静、杨晓、刘亚卓、郭海针

课程简介：

“电气控制与PLC(B)”是以电气控制和可编程序控制器系统控制技术问题为研究对象的一门技术科学，是我校电气工程及其自动化专业的一门核心专业课程。通过本课程的学习，可使学生掌握常用低压电器的使用，电气控制基本线路的搭建，可编程序控制器(PLC)的结构、原理、指令系统、编程及其应用技术等知识；具备电气控制和可编程序控制器系统的分析与设计能力；具有电气工程与自动化专业素质，坚持立德树人、以德为先、德学兼修；还可激发学生的担当意识和爱国情怀，强化学生的家国情怀、国际视野、法治意识、生态意识和工程伦理意识等，培养学生精益求精、追求卓越的工匠精神，使学生树立正确的人生观和价值观。

案例一：大道至简，匠心至繁——相序控制法

一、课程教学目标

(1) 理解并掌握三相交流异步电动机正反转控制电路设计实现，培养学生理论联系实际、分析问题的能力。

(2) 认识互锁在三相交流异步电动机正反转控制电路中的重要作用。

二、思政育人目标

(1) 培养学生精益求精的工匠精神。

(2) 培养并加强学生的社会责任感，培养学生理论联系实际分析问题的能力，加强学生的工程素养。

三、育人主题

工匠精神、工程素养。

四、案例设计

课前需要在“学习通”中发布学习任务，明确本节课的教学目标，通知学生预习教学视频、自主完成课前学习，并让学生按要求分组在课前完成设计任务。课上通过回顾上节课的内容引出本节课的内容，组织学生以小组为单位并委派组长和助手介绍小组分工情况，分析设计电路结构、工作原理，使用电脑仿真软件 CADESIMU 验证其正确性；结合学生分组汇报情况，有针对性地进行集中答疑，并参与小组讨论，监控学生实施虚拟项目；接着对汇报学生的语言组织、PPT 的设计进行评价，对学生讲解中的错误进行纠正，对难点着重讲解，对汇报组成员进行提问，全面了解知识掌握情况；最后对教学项目中学生容易出现的问题进行归纳总结，发布本次课的问卷调查，分析虚拟项目式翻转教学的收获和存在的问题，总结经验。

在引入思政元素方面，先通过电影《我和我的祖国》第一部分《前夜》中工程师林志远在开国大典上惊心动魄地圆满完成了电动升旗任务，激起学生对本节课的学习兴趣；然后通过展现林志远一丝不苟的工匠精神引发学生对电气设计工作态度的思考。课中通过演示控制结果展示电路设计的安全漏洞，引出反例——加拿大的魁北克大桥事件(该起悲剧的起源是工程师不严谨的态度)，并通过展示世界上最昂贵的戒指——工程师之戒，提醒学生在工程设计中应具备严谨的工程素养和精益求精的工匠精神，从而形成上下呼应。最后向学生展示十天建成火神山医院的实例，并通过与魁北克大桥事件的对比，再次提醒同学们要弘扬一丝不苟的工匠精神。

五、组织实施

课前准备

(1) 上传教学资源,包括PPT、素材资源、作业和视频资源——三相交流异步电动机正反转控制。

(2) 布置任务——设计三相交流异步电动机正反转电路。在任务中将学生分为八组,每组设定组长,要求学生预习教学视频等资料,自主完成课前学习,设计三相交流异步电动机正反转电路并上传到“学习通”上,同时提醒学生注意互锁在设计中的作用。

课中实施

(一) 回顾上节课的内容

快速回忆上节课的内容(见下图),着重点在于上节课讲授的自锁电路与本节课的内容存在的联系。通过讲解知识点、提问学生、使用PPT、由老师向全班同学讲解的方式来打开学生的思维,为引入新课做好铺垫。

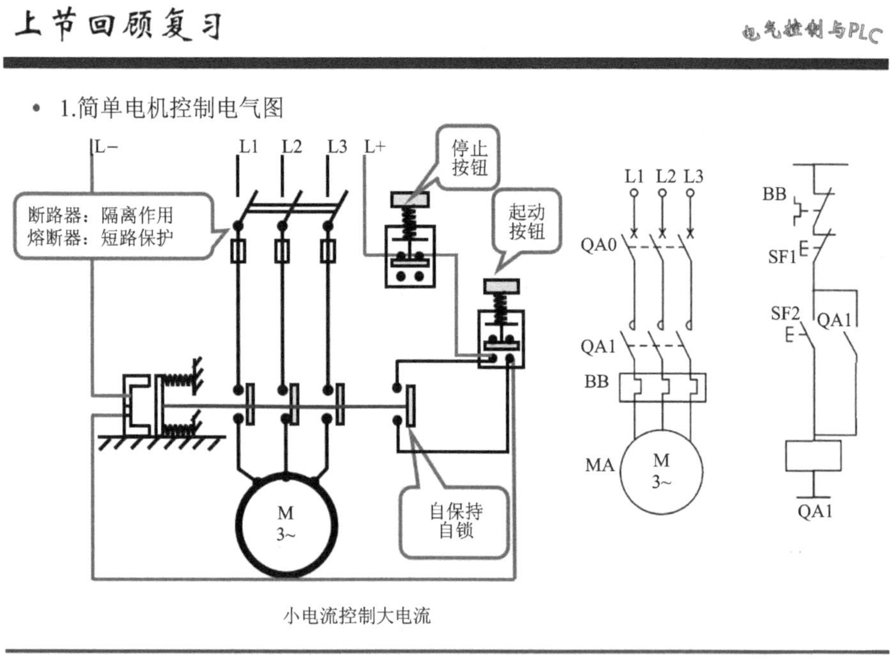

(二) 新课引入

问题引入:生活中哪些设备要求电动机正反方向运动?

引导学生从身边找例子——电梯、起重机、高铁、工业机器人。

播放电影《我和我的祖国》的片段,进一步展示技术和背后的故事。

1949 年 10 月 1 日开国大典的升旗仪式不仅是新中国首次使用电动装置升旗，也将升起新中国的第一面五星红旗，意义重大。

“立国大事，必鞠躬尽瘁”，黄渤饰演的林治远争分夺秒地反复调试以确保“万无一失”，只因他知道见证这一历史性时刻的不只是广场上的 20 万群众，还有全国的四万万同胞。为攻克重重难关，向来恐高的他最终克服心理障碍，解决了技术问题。开国大典上的第一面五星红旗冉冉升起，影片画面与真实历史画面交叠，令人动容。

本节课涉及的在开国大典中用三相交流异步电动机正反转电路控制升旗装置其事虽小，却意义重大，林志远一丝不苟的工匠精神引起了学生对电气设计工作态度的思考。

(三) 课程内容引导

引导学生完成三相交流异步电动机正反转简单控制电路设计(见下图)。

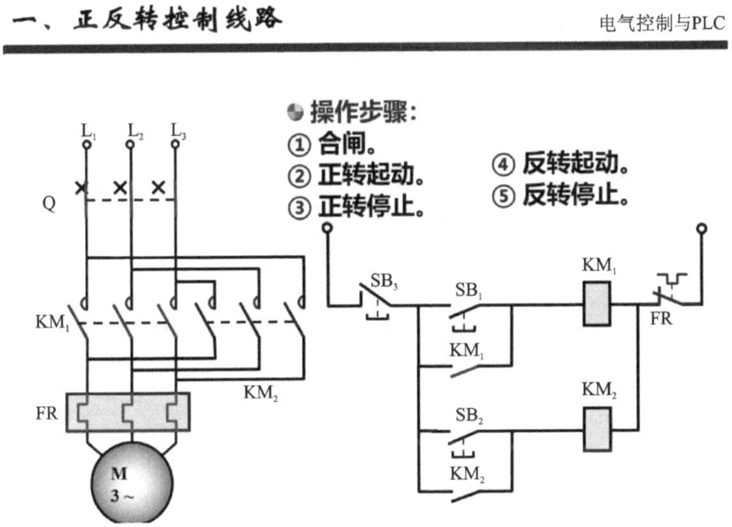

提出问题：

(1) 为什么要改进电机正反转控制线路?

简单电路已经实现了正反转控制要求，为什么实际使用时，却要把电路结构复杂化?

(2) 总结简单控制电路的特点，并分析其不足之处。

现有简单控制线路的切换步骤为：正—停—反，即正反转不能直接切换，需要通过停止按钮才能实现正反转状态切换，比较适用于不需频繁换向的场合。

但对于要求极高的实际工程来说，人工操作步骤增加容易导致操作失误，从而引发故障风险。

不要小看微小的问题！一丝不苟的工匠精神是工程师的基本素养。

引入国外反面案例：世界上最昂贵的戒指——工程师之戒(加拿大)。这枚戒指起源于加拿大的魁北克大桥悲剧。1900 年，横贯圣劳伦斯河的魁北克大桥开始修建。1907 年 8 月 29 日下午 5 点 32 分，桥梁在即将竣工之际发生了垮塌，19000 吨钢材和 86 名建桥工人落入水中，只有 11 人生还。事故调查显示，一心追求“世界上最长的桥梁的建造者”称号的工程师在设计中出现了一个小的计算失误。1913 年大桥的设计建造重新开始，可历史并没有给人以血的教训，1916 年 9 月，悲剧再一次重演，某个关键支撑点的材料指标不到位，导致中间最长的桥身突然塌陷，造成 13 名工人死亡。

1922 年，加拿大七大工程学院出钱将倒塌的大桥的所有残骸一并买下，并把其中的钢条打造成一枚枚戒指，发给之后的工程学院毕业生，用以铭记魁北克大桥悲剧。

（四）小组展示

组织学生委派组长就本小组的设计成果向教师和全班同学进行汇报、展示。

（五）任务评价与教师讲解

（1）组织学生进行小组互评；

（2）教师对学生的汇报进行点评，对学生讲解中的错误进行纠正。对三相交流异步电动机正反转控制电路进行分析，找出问题，并提出解决方案——互锁。

提出要求：编写控制程序或电路时，一定要预计可能发生的故障并进行保护。

1. 分析可能发生的故障

假如用户操作时同时按下正反转启动按钮，就会导致电源短路（见下图）。

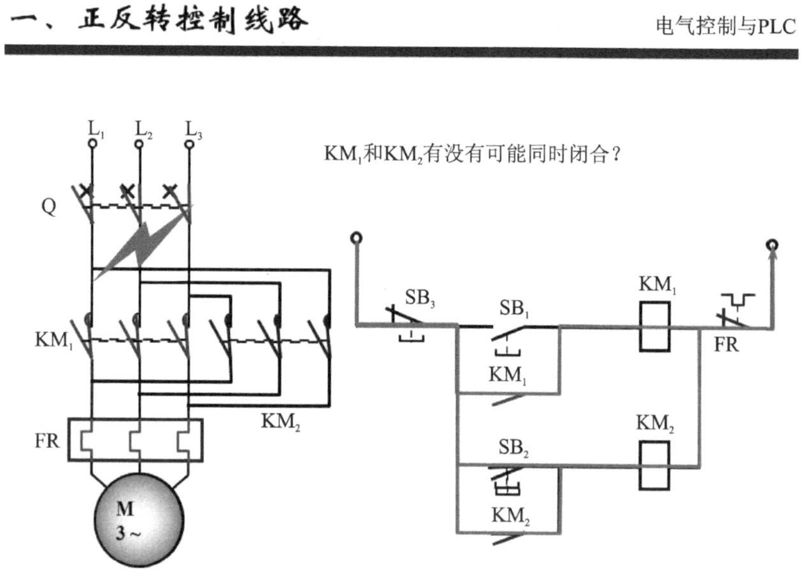

2. 增加保护线路——单重互锁

通过电气互锁设计，正反转线路不能同时通电，从而可以避免由于误操作导致的故障，安全可靠性高（见下图）。

二、单重互锁的正反转控制电路

电气控制与PLC

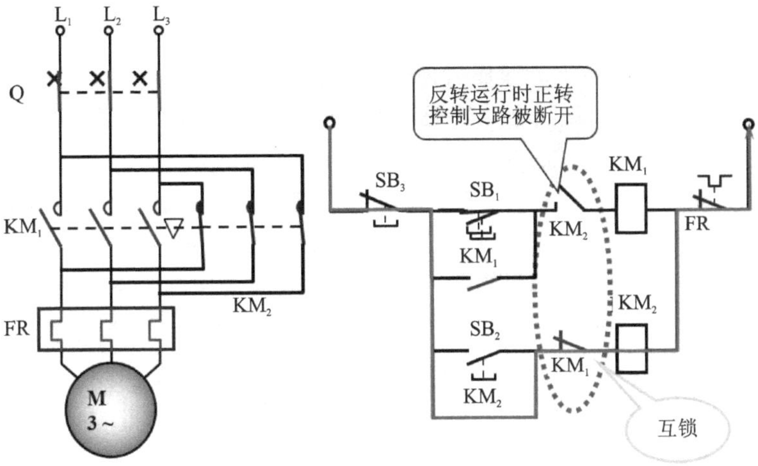

3. 继续增加保护器件——双重联锁

通过使用复合按键给电路添加机械互锁，依靠下图所示双重互锁电路可以实现不按停止按钮而直接按反向按钮就能使电动机反向工作，这个电路也被称为“正—反—停”电路。

三、双重联锁的正反转控制电路

电气控制与PLC

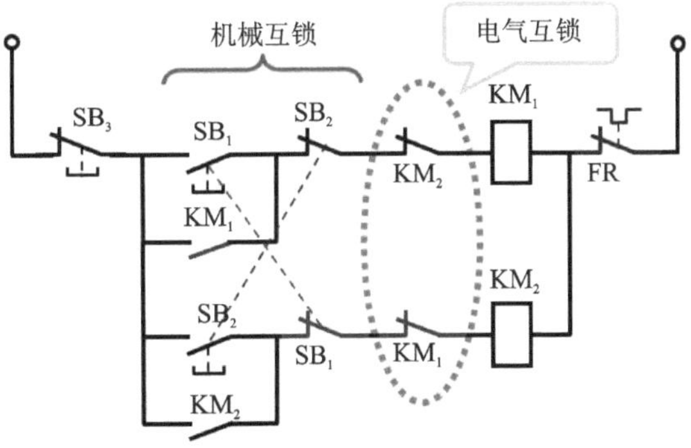

双重联锁 { 机械互锁(复合按钮)
电气互锁(接触器常闭辅助触点)

（六）课堂小结

（1）三相交流异步电动机正反转控制电路的设计。

（2）互锁在三相交流异步电动机正反转控制电路中的重要作用。

（七）结束语

引入国内正面案例：十天建成火神山医院。

2020 年 1 月 23 日，武汉市城建局紧急召集中建三局等单位举行专题会议：由中建三局牵头，武汉建工、武汉市政、汉阳市政等参建，在武汉知音湖畔 5 万平方米的滩涂坡地上，指挥 7500 名建设者和近千台机械设备，向全国人民和倍受煎熬的武汉市民立下军令状：十天建成一所可容纳 1000 张床位的救命医院。

一个工程项目包含多个环节，每一个环节出现的错误都会不断累积到下一个环节，最终导致重大故障发生。所以十天建设一座医院，真的比我们想象的要难很多。火神山医院建设的成功离不开众多工程人员一丝不苟的工匠精神。

希望学生从学校学习开始到步入工程实践，都能够始终弘扬工匠精神。

六、总结反思

本部分共有两段话：第一段话描述优点或成功之处，第二段话描述值得研究的问题或存在的不足以及改进措施。

本节课采用翻转课堂形式，通过教师课前布置任务、课中学生展示、学生互评、教师点评的模式，激发学生的学习主动性，培养学生的探索、创新意识，让学生在参与教学环节过程中认识到团队协作的重要性。同时，在课程开始时和课中引入思政元素，使正反形成鲜明对比，不仅可提高学生对本节课所学习的内容的兴趣，还可以引发学生对电气设计工作态度的思考。最后以十天建成火神山医院的事例激发学生的家国情怀，鼓励他们将个人理想与社会发展紧密结合起来。

目前，存在的问题主要是思政德育元素内容分散，缺少顶层设计，思政内容之间的关联性不强，没有形成完善的体系。后续应加强“电气控制与 PLC(B)”课程顶层设计，全面整合这门课程中所包含的德育元素，使专业课程教学与思政教育同向而行。同时，在课程内容优化上要主动聚焦学生思想关切，将学生关注的时政热点、课程难点、成长痛点等融入课程教学中。

“材料力学 B”课程思政教学案例

课程名称： 材料力学 B
学时/学分： 40/2.5
课程类别： 学科基础必修课
适用专业： 机械电子工程、材料成型及控制工程、车辆工程、汽车服务工程专业
主讲教师： 段翠芳、刘华博、花少震、李娜
双学科团队： 段翠芳、宋屹东、刘华博、花少震、李娜

课程简介：

“材料力学 B”是以构件强度、刚度和稳定性问题为研究对象的一门技术科学，是我校机械电子工程、材料成型及控制工程、车辆工程、汽车服务工程专业的一门核心专业基础课程。通过本课程的学习，可使学生掌握强度、刚度及稳定性理论知识，能较熟练和较灵活地运用材料力学方法完成杆件为主的结构安全性校核、截面设计及许可载荷确定等工程设计计算任务；具备运用材料力学知识分析、解决工程实际中的力学问题的能力；具有良好的职业道德和敬业精神，热爱本职工作，具备履行岗位职责的专业素质；还可激发学生的担当意识和爱国情怀，培养学生遵纪守法、不偷工减料的职业道德，专业、严谨的职业态度，求真务实、开拓创新的职业精神以及精雕细琢、精益求精的工匠精神。

案例一：助力中国基建——合理设计弯曲梁

一、课程教学目标

（1）理解梁合理设计的概念和方法。

（2）重点掌握提高梁强度的具体措施，会利用所学知识解决一些相关的工程实际问题。

二、思政育人目标

（1）通过列举工程及生活中的典型案例，阐释提高梁强度的四种措施。培养学生理论联系实际的工程意识、用发散性思维解决问题的能力。

（2）通过列举我国基础建设中梁结构的几个典型应用案例，阐释了合理设计弯曲梁在我国基础建设中的重要性，激励学生勤思善学，着重培养学生的爱国情怀，以及对精益求精的工匠精神的传承。

三、育人主题

传承工匠精神，助力中国基建。

四、案例设计

“合理设计弯曲梁”这节课的教学重点是让学生掌握如何提高梁的弯曲强度。教学设计从弯曲正应力公式出发，引出提高梁弯曲强度的措施主要在于减小最大弯矩和增大抗弯截面系数，进而详细列举有关减小最大弯矩和增大抗弯截面系数的主要措施，通过列举工程实例，合理选取思政素材，做到思想政治元素的“无痕”引入。本节课从教学内容和育人目标出发进行课堂教学设计和组织，主要通过“知识回顾—课程导入—主要内容—列举实例—育人目标—知识应用”这一教学过程来组织实施；通过案例设计促进思想政治教育与课程知识教育的紧密结合，将思想政治教育融入课程教学整个环节，充分发挥课程的育人作用。

课程团队在理论教学过程中深入挖掘课程包含的思政元素，结合古今中外一些重大工程中力学原理的运用，从基建桥梁设计、工程事故分析、典型生活实例等方面进行总结提炼，形成了系统的思政教学案例。比如在如何减小梁内最大弯矩知识点部分，列举天津临港铁路桥梁坍塌事故，并对其进行力学分析，培养学生遵纪守法、不偷工减料的职业道德，专业、严谨的职业态度，求真务实、精益求精的工匠精神；列举校园生活实例——校园内岩石材料制成的板状路标如何移动，培养学生勤思善学、知行合一的作风，使学生树立文化自信，传承精益求精的工匠精神，并能利用所学知识解决实际问题。案例设计从学生的思想态度、学习能力、综合素质等方面全方位地实现知识传授、能力培养和思想育人的有机结合,从而更好地实现教书育人的目的。

五、组织实施

本节课从教学内容和育人目标出发进行课堂教学设计和组织,主要通过“知识回顾—课程导入—主要内容—列举实例—育人目标—知识应用”这一教学过程来实施。

(一)知识回顾

(1)梁弯曲时横截面上的正应力的分布规律是什么?

(2)梁弯曲时的正应力强度条件是什么?

(3)如何设计轴向拉压杆和扭转构件的截面形状更合理?

设计意图:一是通过对上一节知识的回顾与总结为本节课的教学做铺垫;二是进行知识类比,引出教学内容。

(二)课程导入

从梁横截面应力的分布规律、内力情况和梁的强度条件等方面来说明等截面梁材料的富裕,引出材料的利用不合理,从而引出梁结构的合理设计以及如何有效提高梁的强度。

主要内容 1:梁合理设计的措施

对前面所学的梁的正应力强度知识进行复习总结后,提出问题:如何对梁进行合理的设计?需要满足哪些条件?

强度条件:$\sigma_{\max}=\dfrac{M_{\max}}{W_z}\leqslant[\sigma]$

根据上式,可以通过哪些措施提高梁的强度?具体方法是怎么得到的?

育人目标:提出问题引导学生思考如何提高梁的强度,培养学生勤思善学的习惯。

主要内容 2:提高梁强度的措施

列举工程实例:天津临港铁路桥梁垮塌事件,如图 1 所示。

图 1 临港铁路桥梁垮塌现场图

播放天津临港铁路桥梁垮塌事故的短视频,简单介绍事故内容。

育人目标:让学生了解桥梁强度不足的危害性。通过列举实例,培养学生遵纪守法、不偷工减料的职业道德，专业、严谨的职业态度，求真务实、精益求精的工匠精神。

措施1：合理安排梁的受力情况或布置支座

利用三种等效载荷作用下梁的内力图对比（如图2所示），说明将集中载荷分散成较小的集中载荷或分布载荷，可以降低最大弯矩，提高梁的强度。

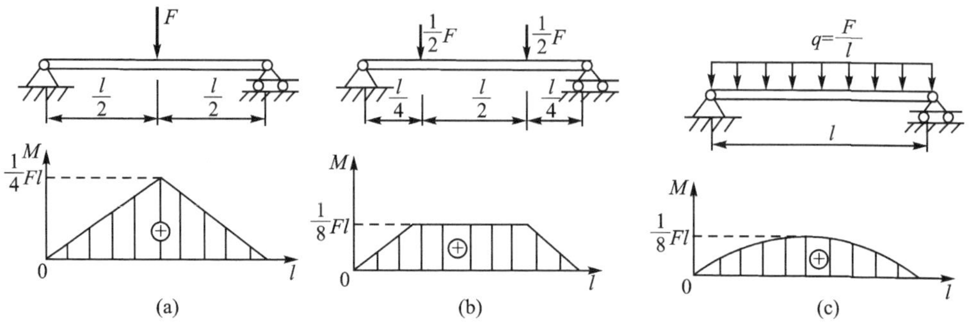

图2　合理安排梁的受力情况

列举工程实例：引入校园路标实例［如图3(a)所示］，岩石类材料极易发生脆性断裂，引导学生思考如何合理布置支座位置才能使路标内弯曲正应力最小；多轮货车的实例［如图3(b)所示］，亦是增加支座数量使最大弯矩减小的案例；斜拉桥的设计［如图3(c)所示］，具有相同作用。

图3　合理布置支座实例

育人目标：通过列举工程实例，培养学生勤思善学的作风，使其树立文化自信，能利用所学知识解决工程中的实际问题。

措施2：合理设计梁的截面形状

截面的形状不同，其抗弯截面系数也就不同，如表1所示。可以用$\frac{W_z}{A}$比值来衡量截面形状的合理性和经济性。$\frac{W_z}{A}$越大，截面的形状就越经济合理。

表 1　常用截面的 k 值

截面名称	正方形（对角线平面）	圆形	矩形	薄壁圆环	工字钢	理想截面
截面形状	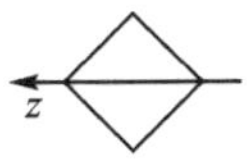	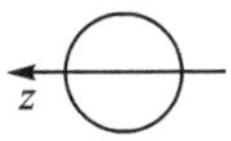	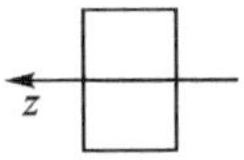	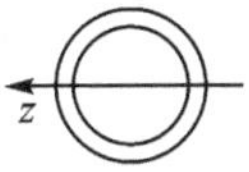	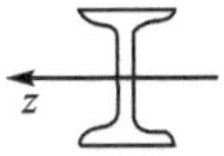	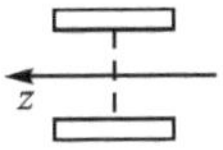
k	0.083	0.125	0.167	0.205	0.27～0.31	0.27～0.31

由上述可知，k 值越大，设计越合理，同等条件下，空心梁比实心梁强度高，工字型截面最理想。选定梁的截面形状后，可以直接增大截面尺寸，提高梁的强度。

列举实例：

教师播放歌曲《众人划桨开大船》，引导学生找出其中所蕴含的力学知识，听到歌词"一双筷子啊轻轻被折断，十双筷子牢牢抱成团"暂停（如图 4 所示），让学生用梁弯曲强度和弯曲变形的知识给出解释。教师接着问"分别提高多少倍？"

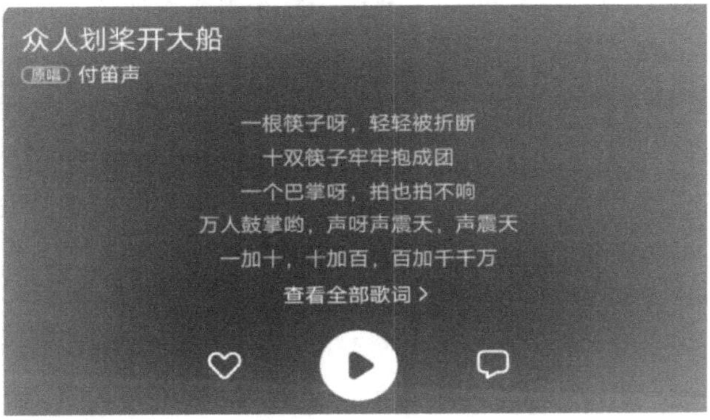

图 4　《众人划桨开大船》部分歌词

育人目标：培养学生勤学善思的作风和善于归纳、总结的综合分析问题的能力。让学生明白，国家变得强大很重要的原因就是具有一股强劲的凝聚力。一个国家、一个民族，需要团结奋进、合作共赢。

措施 3：根据材料的性质选择截面形状

（1）塑性材料选择对称的截面设计，例如：圆形、矩形等；

（2）脆性材料选择不对称的截面设计。对于铸铁类抗拉、压能力不同的材料，尽量让离中性轴较远的那一侧受压，如图 5 所示。

列举工程实例：

讲到此处，添加思考题：对于房梁，钢筋是放在梁的上层好还是下层好？[如图 6(a)所示]通过深圳罗湖居民住宅楼房坍塌的实例给学生讲解[如图 6(b)所示]，不合理设计的危害性。

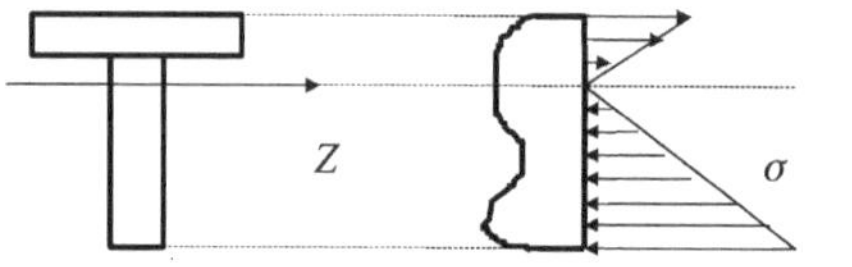

图 5　T 形截面梁

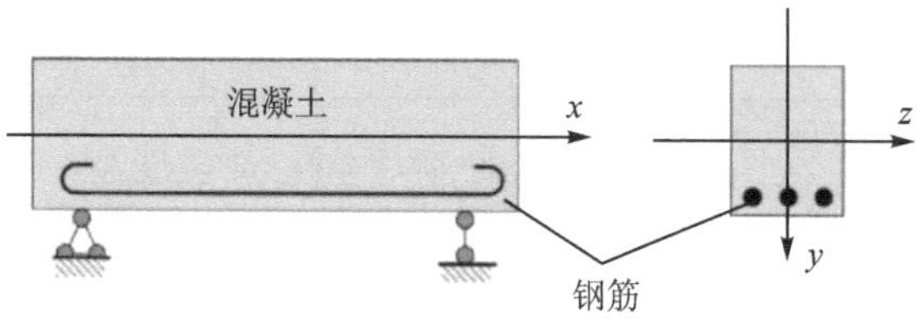

(a) 房梁

(b) 楼房坍塌

图 6　房梁实例

育人目标：通过实例教育学生在今后的工作中要有爱岗敬业的使命感和责任感，培养他们安全的工程意识。

措施 4：采用等强度梁

为了节省材料，在弯矩较大处采用较大截面，而在弯矩较小处采用较小截面，如果变截面梁各横截面上的最大正应力都相等，且都等于许用应力，则该梁称为等强度梁。等强度梁是一种理想状态的变截面梁，考虑到加工和结构上的需要，在实际工程中通常采用近似等强度梁。

列举工程实例：

讲到此处让学生思考：在工程中和生活中有哪些构件是按等强度梁设计的？然后列举实例：工程中的阶梯轴、叠板弹簧、空调支撑架，还有常见的竹子、麦秆等都是等强度梁，重点以竹子为例进行讲解（如图 7 所示）。竹子是大自然中的等强度梁，下粗上细，高而不折，抗弯能力强；引用著名诗句“咬定青山不放松，立根原在破岩中。千磨万击还坚劲，任尔东西南北风。”给学生以美的享受，陶冶学生的情操。

图 7　等强度梁实例竹子

育人目标：通过引入郑板桥的著名诗句，给学生以美的享受，陶冶学生的情操，培养学生在追求科学之路上百折不挠、不惧艰难、勇于探索的精神。

知识应用：

小实验——坚固的纸桥：课下让学生动手做一个纸桥（如图 8 所示），将一张 A4 纸放在两个纸杯上，大家会发现，由于自重 A4 纸会发生弯曲。引导学生思考如何通过本节所讲的内容，提高纸桥的强度，并给出纸桥所承受载荷的最大值。

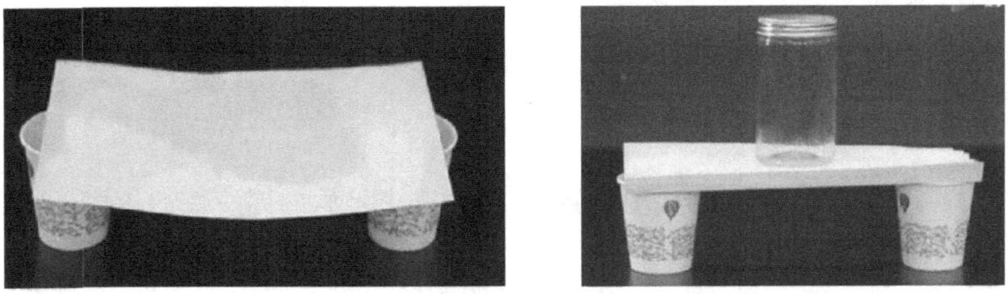

图 8　纸　桥

育人目标：通过知识应用这个环节，可以帮助学生更好地理解本节课的内容。培养学生理论联系实际、求真务实、开拓创新的职业精神以及精雕细琢、精益求精的工匠精神。

六、总结反思

通过教学实践，教师能够结合教学内容认真挖掘思政元素，并将其恰如其分地融入具体章节中，弘扬大国工匠精神，树立文化自信。总结反思本案例的设计也有一些启发，比如在选取思政素材时，要选择能引起学生共鸣的素材，这样能引发思考；素材要和知识点紧密相关，从而做到“无痕”引入，不能有违和感；思政内容要与课程知识点相互交叉，课程思政的同时要做到使学生能对知识点进行灵活运用；注重对学生创新精神的培养，鼓励学生在遇到有疑问的内容时，要善于探索，大胆地质疑、求证、挖掘，这样也许会有意想不到的重大发现。

材料力学作为一门重要的专业基础课，将为后续专业课程的学习奠定坚实的基础，在授课时要以专业课程为主，思政为辅，切不可本末倒置。但要做到无痕有效融入课程思政元素，还需要教师深入挖掘核心知识点与课程思政的融入点，使枯燥艰涩的材料力学课程具有人文课程的趣味。

案例二：矛盾的对立与统一——应力集中

一、课程教学目标

(1) 掌握应力集中的概念。

(2) 了解应力集中的计算方法。

(3) 熟悉减少应力集中的措施。

二、思政育人目标

(1) 通过应力集中的利与弊阐述唯物辩证法中矛盾的同一性的作用，即吸取矛盾体中有利的因素，从而得到发展。

(2) 应力集中的应用无大小，从航天工程到塑料袋开口方面都有，但事有大小，从小事做起，做于细，必能成其大。

三、育人主题

辩证认识应力集中的利与弊，明确矛盾的对立与统一。

四、案例设计

本节课的教学重点是让学生理解应力集中的概念，辩证地分析应力集中的利与弊，并将其应用到工程和生活中，达到学以致用、活学活用的目的；从教学内容和育人目标出发进行课堂教学设计和组织，主要通过“知识回顾—课程导入—主要内容—列举实例—育人目标—知识应用”这一教学过程来组织实施；通过案例促进思想政治教育与课程知识教育的紧密结合，将思想政治教育融入课程教学整个环节，充分发挥课程的育人作用。

利用应力集中的概念阐释“坚持全国一盘棋，调动各方面积极性，集中力量办大事的显著优势”这一思政元素。通过我国航天服头盔塑料面窗的制造案例，以及有限元结构分析中由应力集中产生的奇异解，体现应力集中的弊，阐释“从小事做起、忠于职守、尽职尽责、一丝不苟、善始善终的职业道德和精神”的思政元素。通过包装袋的U形撕口设计和钻孔修补裂缝等典型案例，阐释“矛盾本为一体，我们只有辩证地看待问题，趋利避害，才能做出最为有利的战略决策”的思政元素。

五、组织实施

本节课从教学内容和育人目标出发，进行课堂教学设计和组织，主要通过“知识回顾—课程导入—主要内容—列举实例—育人目标—知识应用”这一教学过程来组织实施。

(一) 知识回顾

(1) 轴向拉压时横截面上正应力的分布规律。

(2) 轴向拉压时横截面上正应力的计算。

(3) 圣维南原理。

设计意图:一是通过对上一节知识的回顾与总结为本次教学内容做铺垫;二是进行知识类比,引出教学内容。

(二) 课程导入

根据圣维南原理中轴向拉压杆横截面上正应力的计算和分布,导出横截面发生变化时,轴向拉伸杆应力的计算和分布是怎么样的。

主要内容一:应力集中的概念

应力集中是指受力构件由于外界因素或自身因素几何形状、外形尺寸发生突变而引起局部范围内应力显著增大的现象(如图 1 所示)。

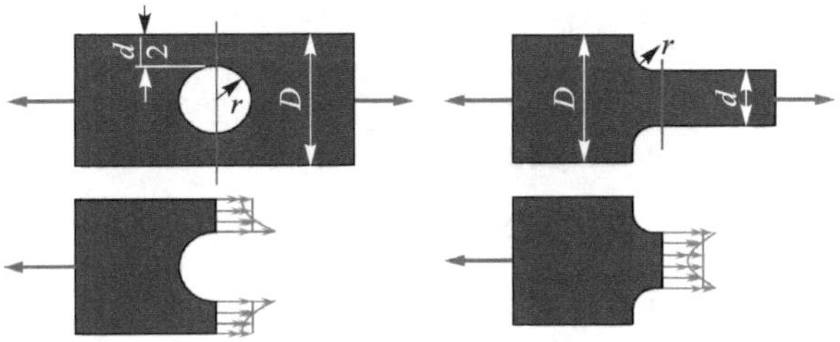

图 1 应力集中实例

应力集中概念与党的十九届四中全会审议通过的《中共中央关于坚持和完善中国特色社会主义制度推进国家治理体系和治理能力现代化若干重大问题的决定》中“坚持全国一盘棋,调动各方面积极性,集中力量办大事的显著优势”这一思政元素高度契合。中国之所以能办成这么多大事,从根本上说是因为中国具有集中力量办大事的制度优势。习近平总书记强调,我们最大的优势是我国社会主义制度能够集中力量办大事。这是我们成就事业的重要法宝。中国特色社会主义进入新时代,全面建成小康社会进而实现第二个百年奋斗目标,需要进一步完善有利于集中力量办大事的体制机制,充分发挥集中力量办大事的制度优势,在推进中国特色社会主义实践中不断提高国家治理效能。

育人目标:提出问题引导学生思考,理论联系实际培养学生的工匠精神。

主要内容二:应力集中的弊

列举工程实例 1:航天服头盔塑料面窗

2021 年 7 月 5 日,神舟十二号的 3 名航天员协同配合,进行中国空间站首次出舱活动。此次航天员身着的出舱航天服是我国第二代出舱服(如图 2 所示),其中航天面窗组件是航天员在外太空活动时观察外界的窗口,可谓是宇航员的“眼睛”,它不仅要给航天员提供一个清晰、良好的视野，而且是航天员生命保障最关键的部件之一。作为航天服最薄弱的环节之一，它面对的是巨大的气压，由于应力集中，如果面窗有任何裂纹或其结构在极端环境下被破坏，都可能让航天员面临生命危险。

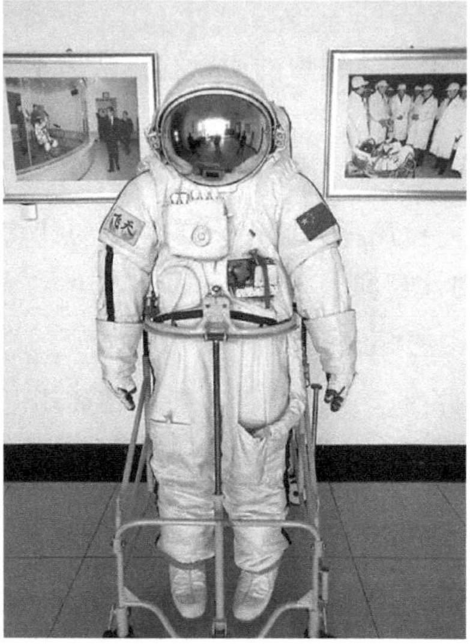

图 2　出舱航天服

育人目标：通过简单讲述塑料航天面窗的作用，阐释微小裂缝的应力集中可能导致的危害，诠释工匠精神与我国的航天梦，培养学生的爱国情怀以及精益求精的工匠精神。

列举工程实例 2：结构分析中应力集中和应力奇异

在开展结构有限元分析时，在零件的截面几何形状突然变化处，由于应力集中，在进行有限元仿真时在截面突然变化的区域出现了应力奇异(如图 3 所示)。针对这种情况，通过在模型中添加细节(如倒角、过渡面等)可以有效地避免应力奇异，满足计算要求。教育学生要知变通、懂得灵活运用，有时候通过微小的变化就能够达成目标。

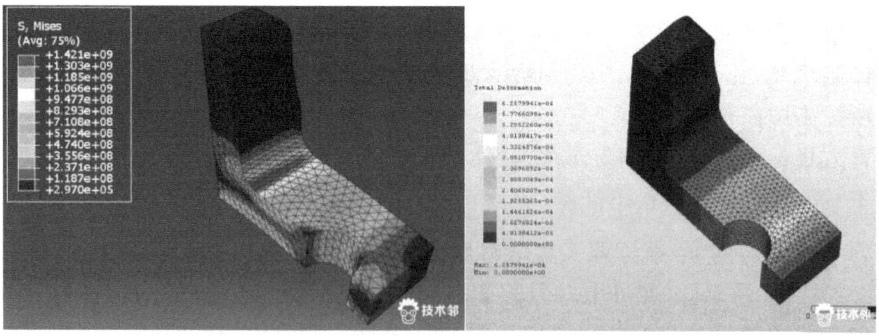

图 3　有限元分析实例

育人目标:让学生了解应力集中的危害。通过列举实例,培养学生遵纪守法、不偷工减料的职业道德,专业、严谨的职业态度,求真务实、懂得变通的作风。

主要内容三:应力集中的利

列举工程实例 3:包装袋的 U 形撕口设计

食品塑料包装袋(如图 4 所示),一般有个开袋缺口,在缺口处很容易撕开,在其他地方就不易撕开。这种设计利用了应力集中原理,表现了应力集中的利。习近平总书记强调,我们的事业越是向纵深发展,就越要不断增强辩证思维能力。矛盾本为一体,我们要辩证地看待问题,趋利避害,这样才能做出最为有利的战略决策。应力集中有利有弊,而如何趋利避害才是我们学习的关键所在。

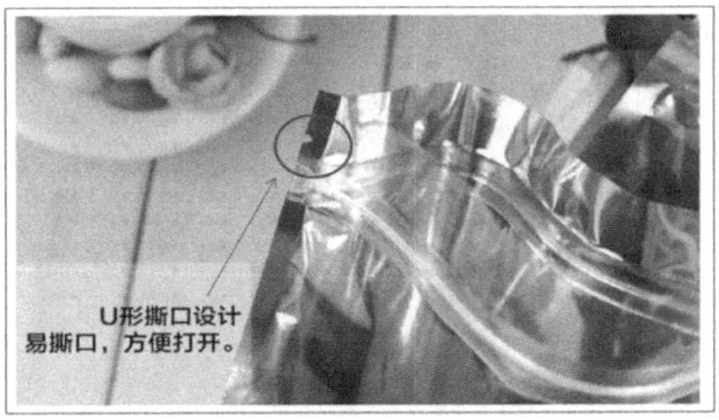

图 4　食品塑料包装袋

育人目标:食品塑料包装袋一般有个开袋缺口,在缺口处很容易撕开,在其他地方就不易撕开。这种设计利用了应力集中原理,表现了应力集中的利。我们要辩证地看待问题,趋利避害,这样才能做出最为有利的战略决策。

列举工程实例 4:钻孔修补裂缝

汽车车窗玻璃出现裂缝(如图 5 所示),在用黏结剂黏结前,先在裂缝的两端开一个小孔,目的是降低应力集中系数,阻止裂纹扩展。

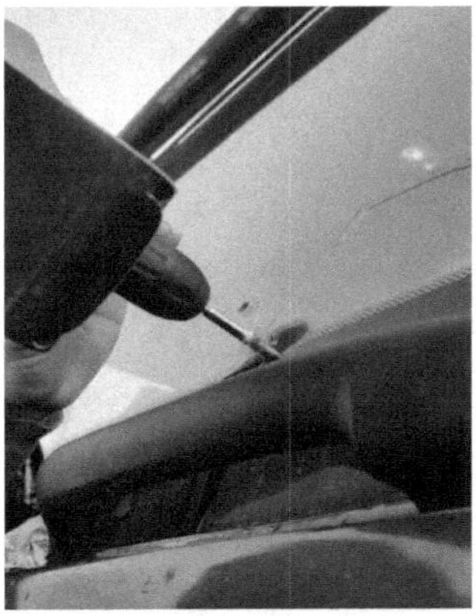

图 5　汽车车窗玻璃裂缝

育人目标:通过播放视频以及简单的原理讲解,阐释了矛盾的对立与统一。任何事情都具有两面性,有时候坏事也能变成好事,这时就看我们如何在不利的情况下发挥自己的主观能动性。有时候表面看起来是“坏事”的事,其结果不一定就是坏的,只要处理好了,拿捏得当,“坏事”也能变成好事。

六、总结反思

本节课的教学案例涉及面广,有关于生活中的小细节的,也有关于我国航天工程的,极大地激发了学生学习的积极性和主动性。思政元素的融入,可引领学生进行思考、辩证地看待问题、趋利避害、从小事做起、树立大国工匠情怀。

尽管材料力学课程中蕴含着丰富的思政元素,但作为一门工科专业的基础课,其在知识上服务于其他专业课。因此,在思政教育上,也要同其他专业课的思政教育兼容。所以,如何有层次地和其他专业课的思政教育形成协同效应是当前材料力学课思政教学中所面临的主要问题。

“金属连接方法”课程思政教学案例

课程名称：金属连接方法

学时/学分：48/3

课程类别：专业必修课

适用专业：机器人工程本科专业（焊接机器人方向）

主讲教师：马天凤

双学科团队：马天凤、朱海涛、张爱民、马秉馨、冯振

课程简介：

“金属连接方法”是以金属连接技术-焊接方法与工艺为研究对象的一门技术科学，是我校机器人工程专业的一门核心专业课程。通过本课程的学习，能使学生掌握焊接电弧的特性、焊丝的熔化与熔滴过渡、母材的熔化与焊缝成形等原理，掌握有关常用埋弧焊、钨极惰性气体保护焊、熔化极氩弧焊、CO_2气体保护电弧焊、等离子弧焊等焊接方法的知识；通过分析焊机工作原理和特点、焊接设备使用、焊材选择原则、焊接工艺制定，提高学生的初步实验技能和逻辑推理能力、实验研究能力、总结归纳能力及自学新知识的能力；使学生成为基础扎实、知识面宽、能力强、素质高的人才，同时激发学生的担当意识和爱国情怀，使其树立正确的人生观和价值观，以及科技报国、科技强国的远大理想。

案例一：匠心承载航天梦——TIG焊工艺

一、课程教学目标

(1) 熟悉 TIG 焊的原理、特点及应用；了解 TIG 焊用焊接材料。

(2) 掌握 TIG 焊的冶金特点；掌握 TIG 焊工艺，学会制定常用材料的焊接工艺。

二、思政育人目标

(1) 帮助学生树立科技报国、科技强国的远大理想，培养学生精益求精的工匠精神。

(2) 培养学生的敬业精神和爱国情怀，使他们勇担实现中华民族伟大复兴的历史重任。

三、育人主题

科技报国。

四、案例设计

课程内容为 TIG 焊工艺，包括焊前清理、焊接参数的选择和操作技术等几个方面的内容。讲解操作技术的时候融入高凤林老师高超的焊接技术案例，帮助学生认识 TIG 焊的工艺要点。

TIG 焊分为手工 TIG 焊和自动 TIG 焊两种，其操作技术的正确性与熟练性是保证焊接质量的重要前提。由于工件厚度、施焊姿势、接头形式等条件不同，操作技术也不尽相同。

结合 TIG 焊在火箭心脏——发动机焊接中的重要作用引入案例，以高凤林老师的事迹来说明对待科学时刻苦钻研、精益求精的态度——为了提高产品合格率做到 0.1 秒内焊接的精准控制；学习高凤林老师勇于挑战困难，攻克焊接技术难关，“如果这道工序需要十分钟不眨眼，那就十分钟不眨眼”的敬业精神；学习高凤林老师放弃高薪和丰厚待遇，以航天事业发展和国家进步为荣耀的爱国情怀(如下图所示)。

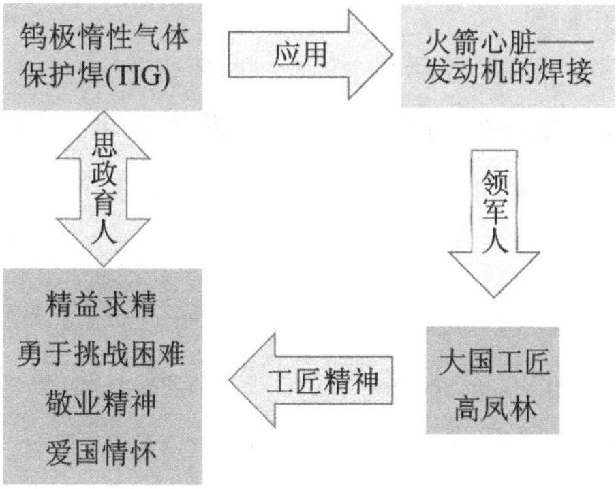

五、组织实施

教学内容为TIG焊工艺,在“TIG焊操作技术”部分引入思政案例,将思政案例教学时间控制在10分钟之内,教学过程包括视频学习、主题讨论、抢答、教师总结等环节(如下图所示)。

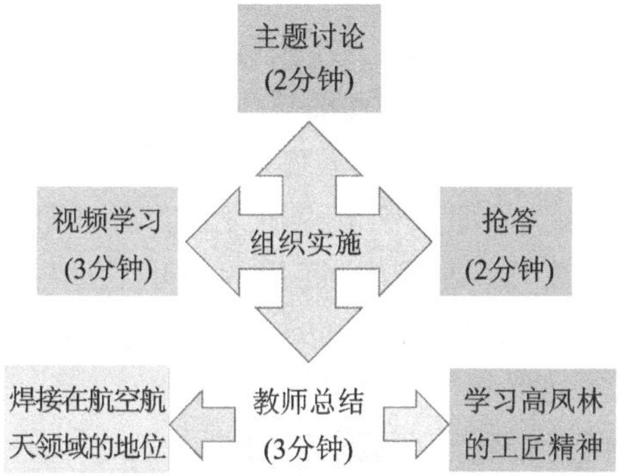

1. 视频学习(3分钟)

提前录制视频,视频中包含要体现的思政育人元素。视频播放前先向学生介绍情况,并将问题抛出,让学生带着问题观看视频。比如视频中介绍高凤林老师焊制的火箭发动机:火箭发动机的喷管上有多达数百根的各类空心管线,这些管线就好像是人类的血管一样,对发动机起着至关重要的作用,而其厚度只有0.33毫米,要进行超过3万次的精密焊接操作才能把这些管线连接在一起,而每个焊点的宽度只有0.16毫米,可以说是细如发丝,这对焊接技艺有着极高的要求。完成焊接允许的时间误差仅为0.1秒,能够合格地完成如此精密的焊接需要高超的焊接技术,而如何做到就是我们课程的重点。

2. 主题讨论(2 分钟)

提出问题“通过大国工匠高凤林的事迹,你学到了什么?结合你的学习,谈谈你的想法。”并通过“学习通”发布给每个学生。在学生思考的时候,教师要做好引导,对视频中体现的工匠精神和爱国情怀进行讲解,这样学生的讨论也会有方向,并且能够很好地完成,达到思政育人的效果。

3. 抢答(2 分钟)

通过抢答让学生将讨论的结果大胆说出来,提高学生学习思政案例的积极性,并且提高抢答加分分值,鼓励学生参与思政教学活动,达到思政育人目的。

4. 教师总结(3 分钟)

通过视频,我们可以学习到以下几点:

(1) 焊接在航空航天发展中的地位和作用非常关键,只有学好专业课才能为国家发展做贡献。

“神舟”飞天、“北斗”组网、“嫦娥”落月,都是我国航天事业的重大成果。以“北斗”组网为例,北斗卫星导航系统是中国自行研制的全球卫星定位与通信系统,是继美国 GPS 全球定位系统和俄罗斯 GLONASS 之后的第三个成熟的卫星导航系统。“北斗”组网之前,很多导弹都必须通过 GPS 制导才能准确击中目标,世界上很多国家使用的都是美国的 GPS。如果未来真的爆发了战争,美国关闭 GPS,这些国家的导弹和需要制导的武器装备就会全面陷入瘫痪状态。北斗卫星导航系统的出现打破了这种受制于人的局面,因为这是我们自主研发的产品。拥有属于自己的定位系统对于一个国家来说具有非常重要的意义,我国的北斗卫星导航系统精准度比美国的 GPS 要高出很多。而正是焊接技术在航空发动机上的突破,才促进了我国航天事业的发展。

(2) 学习高凤林老师对待科学精益求精的态度。

20 世纪 90 年代,为我国主力火箭“长三甲”系列运载火箭设计的新型大推力氢氧发动机的大喷管的焊接曾一度成为研制瓶颈。全部焊缝长度近 900 米,管壁比一张纸还薄,焊枪停留 0.1 秒就有可能把管子烧穿或者焊漏,一旦出现烧穿和焊漏,不但会使大喷管面临报废、损失百万,还会影响火箭研制进度和发射日期。高凤林老师和同事经过不断摸索,最终凭借高超的技艺攻克了烧穿和焊漏两大难关。

(3) 学习高凤林老师勇于挑战困难,攻克焊接技术难关,“如果这道工序需要十分钟不眨眼,那就十分钟不眨眼”的敬业精神。

为了练好基本功,他吃饭时习惯拿筷子比画着焊接送丝的动作,喝水时习惯端着盛满水的缸子练稳定性,休息时举着铁块练耐力,更曾冒着高温观察铁水的流动规律。

(4) 学习高凤林老师放弃高薪和丰厚待遇,以航天事业发展和国家进步为荣耀的爱国情怀。

中华人民共和国成立前,中国留学生在国外屡屡受到歧视。现在,当我们身处异国他乡，强大的祖国是我们的靠山。电影《战狼 2》中主人公一行人在国外遇到作战区无法通行的时候，一面迎风飘扬的五星红旗让交战双方的枪炮声戛然而止，这都是祖国的强大带来的。个人的成绩再大也不如祖国带给我们的安全大，只有国家强大了，个人才有幸福。

六、总结反思

本案例紧贴专业内容 TIG 焊，应用领域为航空航天。航空航天成果推动了科学研究的飞速发展，而正是焊接技术的突破迎来了我国航天发射的密集时代，由此可见焊接技术在国民经济发展中的重要作用。实现这一技术突破的领军人物是高凤林老师。从高老师身上我们学到了宝贵的工匠精神和爱国情怀，我们将其运用到课堂教学中，起到了思政育人的效果。

但在教学中专业课与思政课未能达到有机统一，今后要加强与思政课老师的沟通，参与思政课老师的教科研活动，加强思想政治理论学习和当前形势政策理论学习；发挥党支部在专业教学中的作用，支部工作要紧紧围绕教学来开展，将教研活动与党支部活动紧密结合，深挖思政育人元素。

课程考核与评价需要进一步完善。目前思政育人以课堂活动形式呈现，所占的考核分值和比例需要完善，是否需要以其他形式呈现，比如课程实践、课程作业等形式，需要进一步分析完善。

思政案例存在单一量少的情况。思政育人不仅需要有扎实的专业功底，还要有全方位的育人素材，只有熟悉专业现状、覆盖领域和发展前景，才能深挖课程蕴含的思政元素。今后要多发掘和积累思政案例，在课堂上进行分组学习、讨论，促使形成完整的课程思政育人案例库。

案例二：匠手焊护强军甲——母材的熔化和焊缝成形

一、课程教学目标

（1）了解焊缝的形成过程及熔池上的温度分布，熟悉焊缝的形状尺寸、熔合比、焊缝成形系数等参数。

（2）掌握熔池形状对焊缝质量的影响，掌握熔池的受力及影响熔池形状的因素。

二、思政育人目标

（1）培养学生严谨的工作态度和认真的工作作风，使学生树立爱岗敬业的职业道德意识，培养学生科学求实的创新精神。

（2）培养学生“世上无难事，只要肯登攀”的决心和意志，吃苦耐劳、不怕困难、勇于挑战的精神。

三、育人主题

敬业精神。

四、案例设计

本节课的内容为母材的熔化和焊缝成形，包括焊缝的形成过程、焊缝形状与焊缝质量的关系、焊接工艺参数对焊缝成形的影响等几部分。在讲解过程中，为了突出焊缝质量的重要性，引入了坦克装甲的焊接实例进行讲解，以提高学生的学习效果。

军事力量是一个国家综合国力的最重要组成部分，是维护国家主权、安全和领土完整的有力保障。坦克是现代陆上作战的主要武器之一，而坦克装甲是坦克之所以成为坦克的第一要件，使坦克装甲实现连接的焊缝的质量关系到士兵的生命安全。案例教学内容为焊缝成形，讲述的是焊缝的形成过程和影响焊缝成形质量的因素（如下图所示）。焊缝成形质量决定了产品的安全性，也决定了坦克装甲的安全保护作用大小，在此引入案例紧贴课程教学内容，使学生认识到焊缝质量好坏直接关系到生命安全，提高学生学好课程内容的责任感和使命感。

案例中卢仁峰老师靠单手焊接完成坦克驾驶舱——坦克上最关键也是最复杂的部位。焊接这种复杂的异型结构，在国际上也是一道难题，而卢仁峰老师却能一直交出100％合格的产品。卢老师靠一只手完成焊接操作，难度可想而知，需要付出比常人多出数倍的努力才能做到。我们要学习卢老师“越困难越向前”，不畏惧困难，“没有干不成的活，只要去坚持，都能没问题地去完成”的勇于挑战困难的精神。

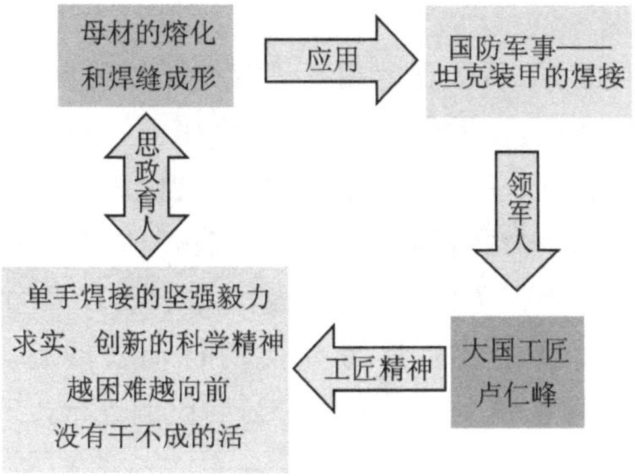

五、组织实施

教学内容为焊缝成形，在"焊接工艺对焊缝质量的影响"部分引入思政案例，强调焊缝质量的重要性。将思政案例教学时间控制在10分钟之内，教学过程包括视频学习、分组任务、评分、教师总结等环节（如下图所示）。

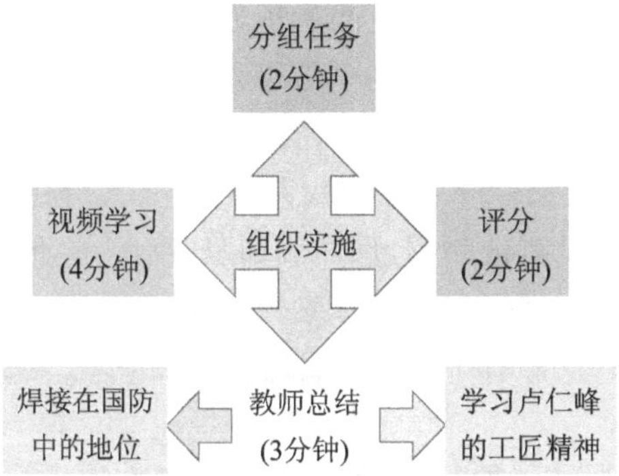

1. 视频学习（4分钟）

提前录制视频，视频中包含要体现的思政育人元素。如果视频时间略长，可以提前放到"学习通"让学生提前观看，课堂上仅展示与思政育人相关的片段。视频播放前先向学生介绍课堂活动，将有关此次活动的问题发给学生，让学生带着问题观看视频。

2. 分组任务（2分钟）

提前设置好问题"谈谈你对卢仁峰工匠精神的理解和认识，结合焊接在军事上的重要作用，说说学好专业课的必要性。"通过"学习通"发布给每个学生，学生的分组是在课程开课时已经分好的，并且每个学生要单独陈述自己的观点。在学生陈述活动的过程中不能冷场，要引导学生的思路，对视频中体现的工匠精神、焊接在军事中的地位和重要性进行讲解，使学生的讨论更有方向性，达到思政育人的目的。

3. 评分(2 分钟)

评分采取全员参与的方式,让学生相互了解彼此的观点,取长补短。虽然教师进行了引导,但是学生的思维是发散的,总能带给大家不一样的视角。举例来说,课程章节"晶界"知识讲解部分,以晶界部位原子排列紊乱、不稳定的状态引申到国界,引导学生思考边防战士在用生命守护我们的国界,我们应该怎么做才能守护我们的国家。学生在抢答互动环节想到了民族团结,爱国之情不言而喻。思政教学一方面要引导学生爱国,另一方面要让学生思考如何用行动去践行。评分按照教师评价20%、组内互评30%、组间互评30%、自评20%的比例进行。

4. 教师总结(2 分钟)

通过这次活动,我们学习到了以下知识:

(1) 焊接在军事上有着非常重要的作用,焊缝质量决定着战场上士兵的生命安全程度,因此学好专业课非常必要。

军事装备代表了国家的实力,落后就要挨打。1840 年英国的炮舰打开了中国的大门,中国开始了从封建社会沦落为半殖民地半封建社会的屈辱历程。今天我们发展军事装备是为了世界和平,学好专业课就是为国家做贡献。

(2) 学习卢仁峰老师超乎常人的坚强毅力和"越困难越向前"的勇于挑战的精神。

1986 年的一场事故让卢仁峰险些彻底失去左手,大拇指、食指、中指被勉强缝合后,基本不能工作。但他没有被吓倒,反而更加坚定有力。他给自己定下了每天要焊完 50 根焊条的任务。他常常一连几个月吃住在车间,一蹲就是数小时,直到厂房里空无一人。他左手残疾,仅靠右手练就一身电焊绝活,手工电弧焊单面焊双面成型技术堪称一绝。

(3) 学习卢仁峰老师勇挑重担、求实创新的工匠精神。

2009 年,作为国庆阅兵装备的某型号轮式车辆首次批量生产,在整车焊接蜗壳部位过程中,由于新型装甲材料具有碳含量高、刚性极大和蜗壳壁薄等特点,焊接过程中焊接变形和焊缝成型难以控制,致使平面度超差,严重影响整车的装配质量和进度。从焊丝的型号到电流大小的选择,卢仁峰老师和工友们反复研究细节,确定操作步骤,最终利用焊接变形的特性,采用"正反面焊接,以变制变"的方法,使该产品生产合格率一下子由 60%提高到 96%。

(4) "没有干不成的活,只要去坚持,都能没问题地去完成",学习卢仁峰老师对待工作的敬业精神。

钱学森被誉为中国航天之父、导弹之父、两弹元勋。然而,这位爱国科学家最初的理想并不是工程建设,而是科学理论研究。钱学森在求学和工作之路中,多次为国改专业。他说过,他的兴趣其实是科学研究、学术创新,是为了国家的需要才转行做工程。

从钱学森和卢仁峰老师身上，我们感受最深的是，只要是为了国家发展，为了人民的利益，没有什么是做不到的。

六、总结反思

本案例中讲了焊接在现代陆上作战的主要武器之一坦克中的应用，紧贴课程内容“焊缝成形”。坦克是国防的重要保障，是保卫国家主权、领土完整和安全的军事力量。坦克装甲是坦克之所以成为坦克的第一要件，而连接装甲的焊接技术起到了至关重要的作用。焊接质量决定了士兵的生命安全程度，由此说明焊接技术在国防中的重要作用。从实现坦克装甲焊接技术突破的领军人物卢仁峰老师身上，我们学到了他单手焊接的坚强毅力、勇挑重担的科学求实创新精神、“越困难越向前”的勇于挑战的敬业精神，实现了思政育人目标。

课程思政元素的内容体系是非常庞大的，除了要具备中国历史、中国共产党党史、人才培养、专业发展等方面的知识，还要具备对时事政治等的正确分析和认识能力。因此，要加强思想政治理论学习和当前形势政策理论学习，课程思政案例也要与时俱进。另外，还应加强与我校马克思主义学院教师的沟通，多参与马克思主义学院的教科研学习活动，将自己的专业知识与思政课有机结合。因为今后将尝试录制课程思政示范课，所以需要专门的录课设施和视频处理软件，这方面还需要进一步完善。

“汽车构造 B(1)”课程思政教学案例

课程名称：汽车构造 B(1)
学时/学分：56/3.5
课程类别：专业核心课
适用专业：车辆工程、车辆工程(专升本)
主讲教师：侯锁军
双学科团队：段伟伟、李倩、白宁山、徐文博

课程简介：

“汽车构造 B(1)”是以发动机问题为研究对象的一门专业必修课程，是我校车辆工程、车辆工程(专升本)专业学生的一门核心课程。通过本课程的学习，可使学生熟练掌握汽车发动机构造方面的基本理论和基本知识，包括汽车发动机各总成、零部件的构造、材料和工作原理；具备从事汽车产品设计、制造和测试的能力；通过教赛融合的方式，引导学生积极参加教学竞赛，培养其动手能力和创新能力；激发学生的担当意识和爱国情怀，使其牢固树立“四个自信”。本课程旨在引导学生树立诚实守信、严谨负责、注重细节、精益求精的职业操守，努力实现具有“全球视野、家国情怀、创新精神、工匠精神”的人才培养目标。

案例一：车行百年梦不变——汽车构造总论

一、课程教学目标

（1）了解国内外汽车工业发展概况。

（2）掌握汽车的类型、总体构造及布置形式。

二、思政育人目标

（1）帮助学生树立对国产汽车品牌的认同感、自豪感，激发他们的爱国情怀，培养其民族责任感。

（2）培养学生不断探索的工匠精神。

三、育人主题

家国情怀、科研精神。

四、案例设计

通过问题导入法激发学生对汽车发展史的思考；利用视频教学法观看国内外汽车发展史，使学生了解国产汽车品牌的崛起之路；利用头脑风暴法借助“学习通”就“国产汽车品牌崛起”展开主题讨论；利用案例教学法讲授汽车的结构和布置形式；最后采用小组讨论法探讨为何现代汽车不采用后置发动机前轮驱动的原因。

通过了解国产汽车品牌崛起之路帮助学生树立对国产汽车品牌的认同感、自豪感；利用“学习通”对“以吉利控股集团有限公司2010年海外并购沃尔沃、2018年收购戴姆勒为例，如何评价我国汽车行业的飞速发展”这一主题展开讨论，激发学生的爱国热情，培养其民族责任感；通过讨论“现代汽车不采用后置发动机前轮驱动的原因”培养学生敢于提问、不断探索的科研精神。

五、组织实施

（一）问题导入法

问题一：有没有同学知道汽车是在什么时候、由谁发明的？

问题二：我们国家的汽车是从什么时候出现的？

引发学生思考，从而引入国内外汽车工业发展史。

（二）视频教学法

让学生观看两个视频：一是世界汽车工业发展史，二是中国汽车工业史；在PPT中展示有关国产汽车品牌的新闻，使学生了解：在1949年中华人民共和国成立时，中国汽车工业还是一片空白，到2009年中国汽车年度总产量已超越美国，成为世界最大的汽车制造国，并拥有世界最大的汽车市场，自此开始到现在，中国汽车产销量始终居于世界第一位。如今，中国自主品牌汽车企业也在做大做强，比亚迪多次蝉联全球新能源市场销量冠军，比亚迪汽车已被定义为民族品牌、新能源汽车的引领者，并成为国内首家对外销售技术的汽车公司。浙江吉利控股集团是中国汽车行业的十强企业，2010年3月吉利汽车收购瑞典沃尔沃汽车公司，引起全世界的关注，已连续六年进入世界500强；奇瑞汽车股份有限公司已连续10年蝉联中国自主品牌销量冠军。作为汽车工业的塔基，汽车零部件工业也在中国形成完整的产业链，许多中国品牌零部件企业已经走向国际市场，成为巨型跨国企业，所以世界汽车的未来必将属于中国品牌。

通过了解国内外汽车工业发展史以及国产汽车品牌崛起历程，可帮助学生树立对国产汽车品牌的认同感和自豪感，激发学生的爱国热情。

（三）主题讨论法

在“学习通”上发起主题讨论“以吉利控股集团有限公司2010年海外并购沃尔沃、2018年收购戴姆勒为例，如何评价我国汽车行业的飞速发展”，了解学生的真实想法并进行有效的引导，培养学生的民族责任感，鼓励学生认真学习，为国家汽车行业的发展做出贡献。

（四）案例教学法

借助市面上的常见车型，使学生了解汽车的结构：主要由底盘、发动机、车身以及电器电子附件组成；并根据发动机位置和驱动轮的不同将汽车分为发动机前置前轮驱动、发动机前置后轮驱动、发动机后置后轮驱动、发动机中置后轮驱动以及全轮驱动5种类型。

（五）小组讨论法

每组学生代表一种车型，列举该车型的优点及缺点，并派代表进行汇报，其他小组成员对汇报内容进行点评，最后共同讨论“为什么目前的车型不采用后置发动机前轮驱动”。通过讨论产生头脑风暴，以此培养学生勇于提问、积极探索的科研精神。

六、总结反思

通过让学生观看他们感兴趣的视频，不仅能使他们了解国内外汽车工业的发展史，增加学习的兴趣，还能提高其参与课堂的积极性。同时，通过在“学习通”上发布讨论主题，使学生进行充分讨论，学生均对国产汽车品牌以及中国汽车产业表现出了极大的信心，由此可见，通过观看视频和主题讨论，不仅提高了学生参与课堂的积极性，同时也在潜移默化中培养了学生对国产汽车品牌的认同感和爱国热情。此外，在讨论中很多同学提到了国产汽车与国外汽车之间还存在差距，这也让学生在学习知识的同时增强了使命感。针对市面上的5种车型开展小组讨论，讨论中学生参与度较高,对各种车型的特点掌握较牢。

通过实际教学发现大多数同学都积极参与了讨论,但依然有少数同学参与讨论的方式是重复其他同学的答案,参与的积极性不够。针对这种情况,在接下来的教学过程中一是要对学生进行积极有效的引导,二是要建立合理的评价体系。

案例二：让“工匠精神”根植发动机内心——活塞连杆组

一、课程教学目标

（1）掌握活塞连杆组的结构和装配关系。

（2）熟悉活塞连杆组各部件的设计要求。

二、思政育人目标

（1）培养学生的民族团结意识、爱国精神。

（2）培养学生严谨负责、精益求精的工匠精神。

（3）帮助学生树立正确的就业观。

三、育人主题

爱国精神、工匠精神、积极就业。

四、案例设计

通过视频教学法使学生掌握活塞连杆组的结构、功能以及动力传递路线；利用小组讨论法使学生熟悉活塞连杆组各零部件对发动机的影响以及结构的设计要求。

通过讲解活塞连杆组动力传递路线，提醒学生注重各环节间的相互联系，由此引出民族团结思政切入点，培养学生的团结意识；通过讲解“活塞销小零件的大作用”引出第44届世界技能大赛喷漆项目冠军蒋应成的事迹，培养学生严谨负责、精益求精的工匠精神；课下通过发布题为“如果将来你所从事的岗位‘不太起眼’，你会选择坚持吗？为什么？”的调查问卷，了解学生的就业态度，并在后续进行积极引导。

五、组织实施

（一）视频教学法

利用图片和视频讲解活塞连杆组机构的组成、功用和动力传递路线，活塞连杆组的动力传递路线为：活塞—活塞销—连杆小头—杆身—连杆大头—曲轴，缺任何一个环节都不行，结合时事引出习近平总书记强调的“各民族就像石榴籽一样紧紧抱在一起”，培养学生的民族团结意识和爱国意识。

（二）小组讨论法

利用图片和实物讲解活塞连杆组各构件的结构和作用，让学生分小组讨论各零部件的设计要求。在讨论活塞销时强调活塞销的作用是连接活塞和连杆，并将活塞承受的气体压力传递给连杆。由于活塞销要承受一定的气体压力,所以在设计活塞销时要考虑其刚度和强度。同时,为了减小活塞销的惯性,还得保证其质量较轻。此外还要重点强调活塞销对于发动机的重要性:一旦活塞销的性能不满足要求,轻者会导致发动机效率变低,严重者将导致发动机停止工作。利用活塞销向学生强调不能忽视小零件对于机器的作用。

针对有同学认为研究小零件比较无聊且没有成就感这一现象进行讨论,进而引出第 44 届世界技能大赛冠军蒋应成的事迹(见下图),引起学生的共鸣。世界技能大赛中汽车喷漆项目的比赛要求是油漆上下的厚度误差不超过 0.01 毫米——相当于一根头发的直径的 1/6 左右。蒋应成说:"在喷涂过程中,如果手抖一下就会超过 0.01 毫米,表面的颜色与标准颜色就会不一样,光泽度、纹理等都会出现变化,还会出现流挂等现象。"汽车油漆一般要喷五六层以上,每一层都必须达到高标准。蒋应成开启"训练狂魔"模式,在最后的冲刺阶段,由于持续的高强度训练,他不得不在右肩胛骨上贴上膏药来缓解疼痛。通过"95 后"蒋应成的事迹可向学生传递做任何小事都要有严谨负责、精益求精的态度。

(三)问卷调查法

通过发布问卷"如果将来你所从事的岗位'不太起眼',你会选择坚持吗?为什么?"进行调查,了解学生的就业观,并在课堂上进行积极引导。

六、总结反思

通过教学实施来看,在讨论民族团结意识和蒋应成的事迹时,学生们对蒋应成的技术都表示佩服,都说要学习他的工匠精神。由此可见,通过在课堂讲授中融入思政教育,不仅加深了学生对知识的记忆,同时也潜移默化地向学生传递了严谨负责、精益求精的工匠精神。相信长此以往,在核心价值观的熏陶下,学生在将来的工作中一定能养成良好的职业操守。

但通过调查问卷依然发现有 46%的同学不愿意从事基层工作,不愿意将一份工作坚持下来,对于这些情况在接下来的课程中还需加强思政引导,培养学生精益求精的精神,并使其树立积极的就业观。

“大学英语(4)”课程思政教学案例

课程名称：大学英语(4)
学时/学分：48/3
课程类别：通识教育课
适用专业：全校统招本科非英语专业二年级学生
主讲教师：靳静波、孙丽梅、段珂、申磊
双学科团队：靳静波、杨玉春、孙丽梅、段珂、申磊

课程简介：

“大学英语(4)”是我校本科非英语专业二年级的一门通识教育必修课。本课程不仅是一门语言基础课程，也是拓宽知识、了解世界的素质教育课程，兼具工具性和人文性。通过本课程的学习，学生能够比较熟练地运用英语语音、词汇、语法及篇章结构等语言知识；能够较好地理解与本人所学专业相关的口头或书面材料，理解其内部的逻辑关系、篇章结构和隐含意义；能够以口头和书面形式较清楚地描述事务、表达意愿等；能够理解与交流方在文化和价值观等方面的差异，并能根据需要较好地使用交际策略；在基本能力提升的基础上，发展自主学习能力，提高综合文化素养，在学习、生活、社会交往和未来工作中能够有效地使用英语，满足国家、社会和个人发展的需要，增进对不同文化的理解，具备跨文化交际能力。本课程还可引导学生以批判的眼光学习西方文化，增强学生对民族文化的自信，更好地构筑中国精神、中国价值、中国力量，向世界“讲好中国故事，传播好中国声音”；助力学生成为尊重自己、尊重文化、尊重自然、尊重科技、乐于创新、敬业守信的德智体美劳全面发展的社会主义建设者和接班人。

案例一：保护自然环境的重要性

一、课程教学目标

(1) 知识目标：掌握与环境保护以及习近平总书记谈生态文明建设相关词语的英文表述。

(2) 能力目标：培养批判性文章的写作能力，提高学生的翻译及口语能力。

(3) 素质目标：了解国家生态文明建设重要战略方针政策，充分认识生态文明建设的紧迫性。

二、思政育人目标

(1) 引导学生认识到人与自然是生命共同体，增强学生对生态文明建设的战略方针的认同感。

(2) 教育引导学生深切感受尊重自然、保护自然、顺应自然的重要性。

(3) 培养学生的担当意识。

三、育人主题

生态环境保护。

四、案例设计

教学理论：POA 理论。

教学方法：任务型教学法+讨论法。

案例设计：

(1) 前任务——在“学习通”里上传单元预习资料，发布主题讨论等课前任务。

(2) 任务环——导入+背景知识介绍+课文及知识点分析+反思。

(3) 后任务——后续翻译练习。

五、组织实施

(1) 前任务——在“学习通”里上传单元预习资料，发布主题讨论等课前任务。

课前任务一：发布主题讨论。

内容：①本文的标题 *Call of the Wild* 和美国小说家 Jack London 的 *The Call of the Wild* 只有一个单词之差。Why did the author choose it as the title? ②What does “the wild” refer to here?

方式：对于问题一，以宿舍为单位进行小组活动并收集资料，之后在课堂上挑选一名学生进行汇报。学生汇报完毕后，教师进行总结并引出文章主题——必须科学地保护野生动物，因为保护它们也是保护人类自己。对于问题二，学生可在“学习通”

上发表个人的看法，最终形成文字云。教师可通过文字云当中的关键词总结学生对该问题的理解方向。

目的：通过这两个问题检测学生预习文章的情况，培养学生合作学习以及解决问题的能力，更好地引导学生进入文章主题，并为思政育人奠定基础。

课前任务二：观看 BBC 视频。

内容：See chimpanzees, save chimpanzees

目的：学生通过视频中权威专家的讲解，可以直观地感受到野生黑猩猩的生存现状，从而思考其形成原因以及解决该问题的办法。

(2) 任务环——导入＋背景知识介绍＋课文及知识点分析＋反思。

① 导入：自然生态环境保护（思政点一）。

观点：为了人类健康可持续地发展，必须保护自然生态环境。

方法：BBC 纪录片——*Nature Is Speaking*。该纪录片涉及九大主题，例如水、土地、动物、植物等，其观点直击人心，有极好的启示效果，比如“The nature doesn't need people, but people need the nature.（自然不需要人类，但是人类需要自然。）”学生能切身感受到自然并非独立的，它关乎人类生活的方方面面。

目的：一是引导学生认识到人与自然和谐共生，世间万物都是自然的一部分。二是使学生意识到我们要做的是尊重自然、顺应自然，而不是控制自然、改变自然。三是引出本文的主题：保护野生动物也是保护自然的重要组成部分。

② 文章解析（思政点二）。

- 泛读文章：通过对动物学家 Jane Goodall 的采访，了解野生黑猩猩的生存状况十分堪忧，映射了地球环境在日益恶化，对野生动物的保护亟待重视并解决。

例证：习近平总书记关于加强生态文明建设的讲话，世界地球日每年的活动主题，还有中国对于自然生态保护所做的努力和取得的成果。

目的：增强民族自豪感和自信心，同时反思作为新时代的青年应该立足于专业，为保护生态环境做出更大的贡献。

- 重点词句练习：检查学生对词汇的掌握情况，并加以应用（所举例子大多与思政相关，增加思政在授课过程中的比例）。比如：

A. The human population has soared, as has the damage to the ecosystem. We still face the loss of species and the threat from climate change.

soar: rise very quickly 急升；猛增

eg: Because of Australian bush fires, the number of animals killed has soared.

由于澳大利亚森林大火持续蔓延，造成动物的死亡数量激增。

③ 反思。

学习本课之后，学生已经认识到每个人都是大自然的一个组成部分，树立了正确的价值观。引导学生思考作为个体的“我”在自然环境保护中可以做什么。通过讨论，强化其大局意识和担当意识，拓宽其认识问题的格局（同时为课后写作练习提供思路）。

(3) 后任务——后续操练。

作业内容：

① 翻译练习(课程思政相关)：

A. 生态文明建设(development of ecological civilization)

物质文明 (material civilization)

精神文明 (cultural and ethical civilization)

政治文明 (political civilization)

可持续发展 (sustainable development)

人与自然和谐发展 (harmonious development between humans and nature)

生命共同体 (a community with shared life)

资源节约型、环境友好型社会 (a resource-conserving and environmentally-friendly society)

尊重自然、顺应自然、保护自然 (respect, accommodate to, and protect nature)

B. 在我们这个 14 亿多人口的最大发展中国家推进生态文明建设，建设富强民主文明和谐美丽的社会主义现代化强国，其影响将是世界性的。

China is the world's largest developing countries with a population of more than 1.4 billion, and therefore our efforts to build an ecological civilization and turn China into a strong and modern socialist country that is prosperous, democratic, civilized, harmonious and beautiful will be global in their impact.

② 作文：中国正在积极推进生态文明建设，作为大学生的我们能为生态文明建设做些什么？

目的：通过翻译练习，学生能够熟练掌握生态文明相关表述的英语表达方式。通过写作练习，学生可运用本单元学习的对待生态文明建设的正确价值观批判当前社会中存在的错误观念，并能发表个人的看法，从而提高学生批判性文章的写作能力。

六、总结反思

(一) 优　点

根据教学目标，教师运用任务型教学法形成教学闭环，并采取了讨论法、合作学习等方式。课堂教学中，通过课前任务切入思政教育点，知识点讲解围绕思政展开，使思政教育无形贯穿于课堂始终。通过观看 BBC 的视频，使学生从不同角度了解了生态现状，并上升到对自然环境保护的思考，再落脚到每个人对环境的重要性，启发学生深度思考和讨论本节课的话题。

(二) 不足之处

本节课的整体流程是教师设计问题，学生根据问题进行思考，但没有给予学生足够的时间提出问题，学生作为课堂的主体作用发挥不够。之后的教学中，应增加学生参与课堂的时间，优化学生产出的质和量。

案例二：让美由内而外散发——塑造形象

一、课程教学目标

（1）知识目标：掌握与“形象”有关的词汇及以“self-”为前缀的构词法。

（2）能力目标：能够解析出文章结构，辨析作者的观点。

（3）素质目标：树立自我形象提升的意识，具备提升自我形象的方法。

二、思政育人目标

（1）厚植爱国主义情怀，让学生了解中国正在塑造的大国形象，借疫情中我国所体现的中国力量、中国精神、中国效率，向学生展示中国的大国担当，提高学生的爱国情怀。

（2）培养学生认识美、爱好美和创造美的能力，让学生明白形象与外貌并不对等，形象塑造不应只关注外表，更应该注重内在品质的提升，在潜移默化中引导学生树立正确的世界观、人生观、价值观。

三、育人主题

爱国主义情怀、个人内在品质提升。

四、案例设计

整体思路：依托建构主义理论，整个教学过程以学生为中心，教师以疫情中中国所展示的大国形象为切入点，通过启发式、任务式教学法引导学生思考、分析如何塑造良好的个人形象，并在此过程中完成专业知识和思政育人目标的双向融合，之后再以作业形式让学生进行课后反思，最终实现知识结构的重组，达成教学目标。

设计步骤：

（1）课前——在“学习通”里上传单元预习资料，发布课前任务。

（2）课中——教师通过多种教学方法和手段检测课前自学效果，同时辅助学生完成学习目标。

（3）课后——复习所学知识并思考应用。

五、组织实施

（一）课前准备

内容：教师在“学习通”里上传预习资料，发布课前任务（词汇学习、课文阅读），学生完成线上自学。

目的：引导学生自主学习。

(二) 课堂实施

1. 导　入

内容：了解单元主题"塑造形象"(思政点一)。

方式：教师提出观点——塑造积极正面的形象对于任何个人、组织乃至国家都非常重要。

例证：中国的大国形象塑造——文明大国、东方大国、负责任的大国、社会主义大国。以此次抗击新冠肺炎疫情为例：对外，中国及时发布疫情信息，向世界公开救治方案、分享研究成果，并在力所能及的范围内向多国派遣医疗专家队、捐赠医疗物资；对内果断采取武汉"封城"的举措，积极组织协调各方力量应援，并对感染病人实行治疗免费的政策，快速而有效地控制了病毒的蔓延。这样的行动让全世界看到了中国的伟大，中国的大国形象深入人心。

目的：(1)展示中国的大国形象；(2)感受中国的伟大之处，增强学生的民族自豪感，激发学生的爱国主义情怀；(3)为后续课文导入奠定基础：国家要树立良好的国家形象，个人也要塑造良好的个人形象，那么如何塑造呢？本次课解读的文章——《认知自我》——正是对塑造自我形象的启示性文章。

2. 课文学习

① 关键词汇学习。

方式："学习通"平台单词测试。

目的：检查学生课前词汇预习成效，并总结"self-"前缀构词法。

② 文章结构解读。

方式：设置阅读问题、分组任务。

目的：查看学生对阅读技巧的掌握，总结议论文类型文章的结构并找出作者的观点。

③ 作者观点反思——形象与外貌的关系(思政点二)。

方式：学生讨论，教师总结。

个人形象固然和一个人的外表有一定关系，但两者绝不是对等的关系。一个人的形象之美是由内而外散发出来的。

例证：抗疫中的逆行者们。

目的：让学生树立正确的人生观和价值观，激发他们思考该如何提升自己的形象。

(三) 课后巩固

内容：以"如何塑造良好的自我形象"为题写一篇作文。

目的：练习写作技能，查看学生反思结果。

六、总结反思

1. 优　点

本次教学较好地完成了既定目标，以下几点较为突出：(1)教学中使用的例证时效性强，能引发学生共鸣；(2)知识点讲解与思政点切入衔接自然，不显得突兀；(3)将启发式教学法、任务式教学法等贯穿始终，让学生自己思考并总结，强化了教学效果。

2. 不足之处

实践中也发现了一些可以改进的地方，例如专业内容和思政内容的比例安排可以再优化一些，以更好地实现课程思政的目标。

“数字摄影摄像”课程思政教学案例

课程名称：数字摄影摄像
学时/学分：48/3
课程类别：一般项目
适用专业：数字媒体技术
主讲教师：李扬波、安德宇
双学科团队：李扬波、张瑞煊、安德宇、靳晓飞、卫晓帆

课程简介：

“数字摄影摄像”是以摄影摄像技术问题为研究对象的一门技术科学，是我校计算机科学与技术学院数字媒体专业本科学生的专业必修课。通过本课程的学习，在专业上可使学生掌握摄影、摄像器材知识，摄影、摄像基本原理及规律，镜头的选择和应用，光圈、快门的调整，景深的应用以及滤镜的使用，灯光布置，摄影、摄像造型要素，摄影、摄像构图，用光的知识，以及摄像中的影视规律；同时可培养学生的动手能力，组织管理、沟通交流、团队合作能力，使其具备自主学习更新的专业前沿知识和技能的能力及突破创新能力，并能够在技术与艺术交叉领域开展创新性工作；还可培养学生的法制意识、终身学习的意识，提升其道德修养、职业素养、艺术修养等，激发学生的担当意识和爱国情怀，帮助学生树立正确的人生观、价值观与世界观，使其自觉践行社会主义核心价值观。

案例一：数字摄影的特性

一、课程教学目标

（1）了解并掌握数字摄影的基本特性。

（2）认识到数字摄影的客观纪实性与永久保存性的重要价值和在当代社会中的重要意义，理论与实践相结合，聚焦时代摄影，讲好中国故事，弘扬中国精神。

二、思政育人目标

（1）将后疫情时代的教育与理想信念教育、爱国主义教育等思想价值引领相结合，使学生意识到我国之所以能取得抗击新冠肺炎疫情的重大战略成果是因为中国共产党的领导和我国社会主义制度的显著优势，增强学生的制度自信。

（2）通过课程教学弘扬伟大的抗疫精神，激发学生的爱国意识和民族自豪感；引导学生注重实践锻炼，将个人发展与社会发展、国家发展结合起来，积极投身到全面建设社会主义现代化国家的伟大实践中去。

三、育人主题

爱国主义情怀。

四、案例设计

本课程通过七个阶段实施完成，分别是课前准备、新课导入、授课活动、课堂小结、布置作业、教学评价（同行评教和学生反馈）以及教学反思。重点在以下几个阶段：第一，课前准备阶段。首先，教师要认真研读教材，把握重难点内容并列出“学习任务单”发布在“学习通”平台上，同时积累案例素材为课上引导和课后指导做好准备；其次，学生要提前预习教材，以小组为单位对“学习任务单”中的问题进行资料查阅、收集和尝试解答，并将自己疑惑的问题记录下来，通过听课找到答案；最后，教师通过“学习通”平台查看并进行数据分析，整体把握学情。第二，新课导入阶段。根据线上学习情况，提出问题，引导讨论——如何运用数字摄影达到纪实性的效果，从而讲好中国故事、弘扬好中国精神？第三，授课活动阶段。理清脉络，系统讲解，使学生习得教材知识，通过小组讨论和提问的方式进行案例分析，重点讲解“学习任务单”中的问题，在这个过程中主要锻炼学生的分析能力和语言表达能力。第四，课堂小结阶段。结合所讲内容，引导学生一起梳理课程内容，突出重点和难点。第五，布置作业阶段。紧扣教学主题，设计作业和思考任务。第六，教学反思阶段。根据同行评教和学生反馈的结果，对本节课进行总结和反思，列出问题清单，写出改进措施。

本课程有着非常明确的人才培养目标和要求，结合“数字摄影的客观纪实性与永久保存性”这一知识点，融入思政元素，而数字摄影客观纪实性强的特点则使其可以深度发挥思政引领的作用。针对 2020 年全球重大突发公共卫生事件——新冠肺炎疫情,结合我国的疫情情况,放映全国抗击新冠肺炎疫情的照片和影像,弘扬我国生命至上、举国同心、舍生忘死、尊重科学、命运与共的伟大抗疫精神。引导学生厚植爱国主义情怀,增强民族自信心和时代使命感,立大志,明大德,成大才,担大任,努力成为社会主义事业的合格建设者和可靠接班人,从而实现价值塑造、知识传授、能力培养的有机融合。

五、组织实施

(一) 讲授新课内容:数字摄影的基本特性

1. 非胶片化

数码相机内的光电转换器件把通过镜头的光线转化为电荷模拟信号,再经过 A/D 转换器芯片转换成数字信号,然后送至数字信号处理器(Digital Signal Processor,DSP),使用相机自带的固化程序(压缩算法)按照指定的文件格式,将画面以二进制的形式记录到存储卡上,存储卡可以反复使用,整个过程不再使用传统的胶卷。

2. 信息数字化

在画面数字化的过程中,A/D 转换器需要经过采样、保持、量化和编码四个基本过程。其中,采样和保持是同时进行的,其实质就是要用多少点来描述一张画面,即图像分辨率。量化和编码在转换过程中也是同时实现的,其结果决定画面能够容纳的颜色总数。经过一系列的处理后,一张数字化的画面就产生了,再运用计算机图形图像处理软件的各种技巧,对画面进行修饰或者变换,就能进一步实现所希望的画面效果。

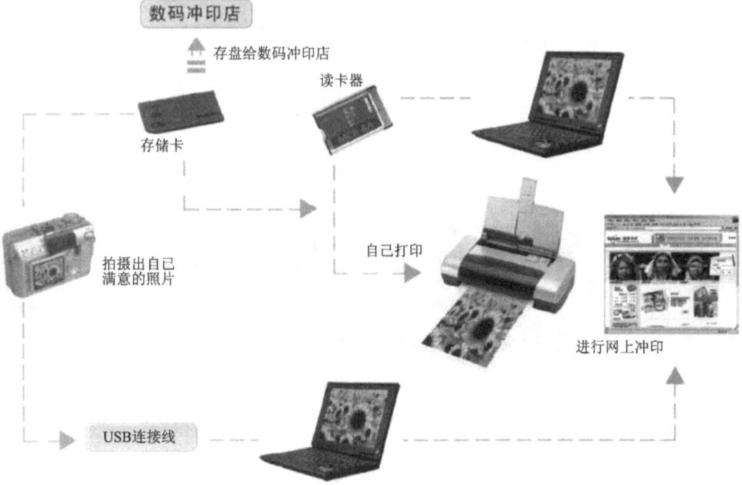

3. 客观纪实性

数字摄影的纪实性体现了既可以记录当下，又可以作为未来的影像资料，不仅可以表现人和人的关系，还能反映人与自然的关系，其主要记录人在社会中的活动及生活方式，刻录人类文明的发展和演变历程。

4. 永久保存性

数码画面是以数字文件的形式存在的，只要文件数据不被破坏和修改，且存储介质完好无损，这个画面文件就能够永久保存。

（二）导入思政案例

围绕“数字摄影的客观纪实性与永久保存性”这一知识点融入思政元素。针对2020年全球重大突发公共卫生事件——新冠肺炎疫情，结合我国的疫情情况，展示全国抗击新冠肺炎疫情的照片和影像，从而弘扬我国伟大的抗疫精神，引导学生厚植爱国主义情怀，增强民族自信心和时代使命感，为国家、为社会、为人民敢于负责，勇于担当，善于作为。

首先，通过上节课布置的作业——搜集抗疫期间的影像照片和视频，在“学习通”平台上发出讨论主题：“在抗疫期间，有哪些影像照片或者视频令你印象最为深刻？原因是什么？”学生在线回答后，教师进行线下点评和总结。

1. 用镜头记录抗疫现场，用画面定格感人瞬间

为了讲好中国抗疫故事，弘扬好中国抗疫精神，广大摄影记者聚焦抗击疫情一线，通过前线图片摄影、特写性新闻摄影、专题新闻摄影等及时传播抗疫的最新进展，记录奋战在抗疫一线的各类人员的工作状态，展示了人物的内心和情感，表露出了人物的精神与气质。他们拍摄的照片定格感动、传递力量、提振士气，涌现出了许多视觉独特、直击人心、传播广泛的影像佳作。

（本组图片转载自网络，作者不详）

(此图由河南省摄影家协会提供)

(此图转载自陕西头条@西部网，作者不详)

(此图转自新华网，作者不详)

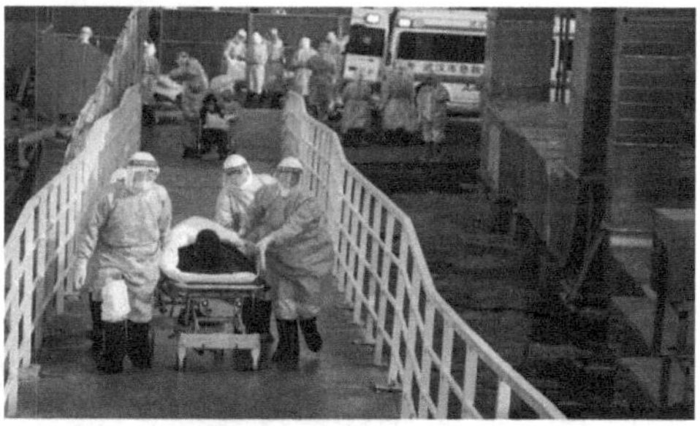

(此图转自新华网，作者不详)

(此图由河南省摄影家协会提供)

(此图转自新华网，作者不详)

(本组图片由河南省摄影家协会提供)

在《湖北日报》摄影记者田悦的特写镜头下,武汉协和医院呼吸内科周琼教授每天连续工作8小时以上的疲惫面容令人心疼(见下图)。这一特写细节的展示让画面充满张力,被水汽覆盖的面罩下是医生微闭的双眼,头侧向一边,汗水浸湿了防护服内的衣物,表现了人物内在的精神与气质,以富有人性光环的影像讴歌了医护人员敬畏生命、救死扶伤的崇高精神和坚守一线的职业品质,令人感动的同时也令人深深体会到白衣天使的伟大和无私。

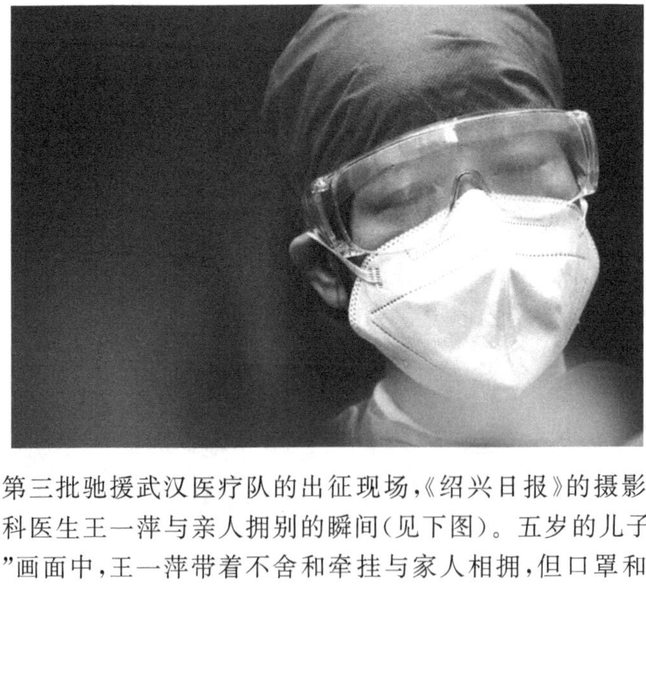

在绍兴市第三批驰援武汉医疗队的出征现场,《绍兴日报》的摄影记者袁云记录了中医院呼吸科医生王一萍与亲人拥别的瞬间(见下图)。五岁的儿子对妈妈说:“您早点回来……”画面中,王一萍带着不舍和牵挂与家人相拥,但口罩和不舍的背后是

大爱与大义，是更多对生命的敬畏。细致入微的特写展示了这些普通人丰富的内心与情感，凸显了无数奋战在抗疫一线的普通人平凡而伟大的情怀，也凸显了特写影像深刻的艺术感染力。

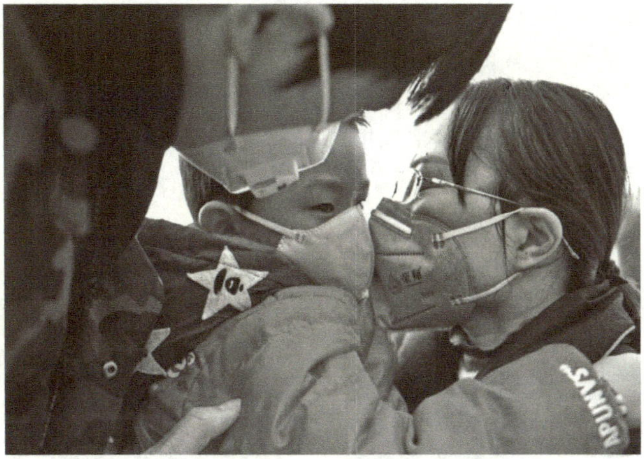

这些感人的客观纪实性影像汇聚成驱散阴霾的光束与火炬，照亮前行的路，鼓舞民众战胜病魔，展现了中国人民团结一心、同舟共济的精神风貌，凝聚了众志成城抗击疫情的强大力量。

2. 疫情防控的成果体现了社会主义制度的优越性

通过我国与美国等其他资本主义国家的疫情数据对比(如下图)，使学生了解到，在党中央的坚强领导下，全国迅速形成统一指挥、全面部署、立体防控的战略布局，有效遏制了疫情大面积蔓延，保护了人民生命安全和身体健康。我国抗击新冠肺炎疫情斗争取得的重大战略成果充分展现了中国共产党领导和我国社会主义制度的显著优势，极大增强了全国各族人民的自信心和自豪感、凝聚力和向心力。

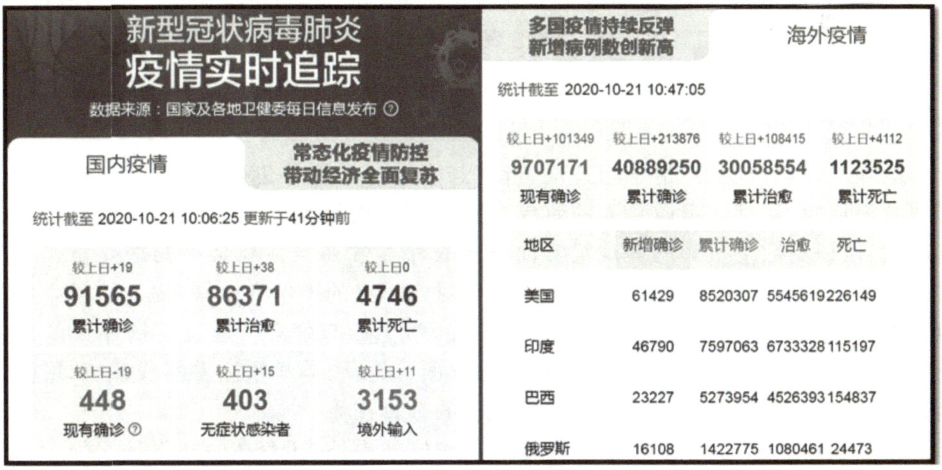

3. 弘扬抗疫精神，引导学生厚植爱国情怀和民族自豪感

数字摄影的客观纪实性和永久保存性，体现了数字摄影的社会功能。引出“哪有什么岁月静好，不过是有人为我们负重前行”这句话，通过放映钟南山、张定宇等抗疫英雄的纪实影像照片和视频，弘扬我国生命至上、举国同心、舍生忘死、尊重科学、命运与共的伟大抗疫精神，真正发挥出摄影作品的强烈社会感染力。教育学生向英雄学习，向优秀共产党员学习，学习他们心怀祖国、坚定信念，潜心钻研、无私奉献，不畏艰险、迎难而上的优良品质，引导学生增强民族自信心和自豪感，将个人发展与社会发展、国家发展结合起来，积极投身到全面建设社会主义现代化国家的伟大实践中去。

(图片转自网络，作者不详)

六、总结反思

教师从知识与能力、情感与态度、价值与立场这三个维度组织课堂教学，实现了课程教学目标，达到了思政育人的效果。通过知识讲授使学生掌握了数字摄影的基本特性，认识到数字摄影的客观纪实性与永久保存性在当代社会中的重要意义。注重理论知识和思政案例的结合，有利于学生对知识点的理解和把握，提高了学生的学习兴趣，增强了学生的获得感，课堂互动感强，学生参与度高。通过弘扬伟大的抗疫精神，在激发学生的爱国意识、民族自信心方面，以及引导学生注重实践锻炼，增强社会责任感和时代使命感方面，均起到了积极的教育作用。

在本课程的探索实践中，除上述良好的实施效果外，还存在一些不足之处。一方面，案例设计的层次还不够鲜明，需进一步采用现代教育技术手段，构建线上线下紧

密衔接混合式教学,用好平台资源(如:“中国大学 MOOC”“学习通”“雨课堂”等),优化课程思政案例设计,实现翻转课堂,从而加强课堂教学的深度,提高课堂教学的效果。另一方面,学生对于如何运用数字摄影达到纪实性的效果,从而讲好中国故事、弘扬好中国精神方面的思路还不够清晰,需加强课后实践锻炼和教师专业指导。对于数字媒体技术专业,只有将理论与实践紧密联系,才能达到教育教学的良好效果。在“数字摄影的客观纪实性与永久保存性”这一部分,要大量引入实践案例,通过案例逐步引导学生思考,使学生从听到信,再到自己总结归纳,完成启发、思考、收获的闭合链。

案例二：专题摄影——人像摄影

一、课程教学目标

（1）掌握人像摄影的技巧。

（2）熟练使用各种摄影器材，能根据不同的拍摄需求与拍摄环境进行人像专题作品的创作。

（3）培养学生对摄影的进一步兴趣，提高其审美能力。

二、思政育人目标

（1）学习英雄人物勇于奉献的精神，鼓励学生将个人发展同国家发展紧密结合在一起，实现远大理想。

（2）培养学生的爱国主义情怀，使其坚定理想信念，勇担责任使命，贡献青春力量。

（3）引导学生树立规则意识，理性思考问题，并帮助学生学会爱与感恩，回馈奉献社会。

三、育人主题

家国情怀。

四、案例设计

本课程的实施在线上主要有四个阶段。第一，教学引入：在"学习通"上展示学生拍摄的人像作品，增加学生的学习兴趣，并以此为切入点，讲解学习人像摄影的重要性。第二，举实例：表现二战期间英国首相丘吉尔的人像作品《愤怒的丘吉尔》，这张肖像极为生动地传达出了二战时期同盟国的灵魂人物——英国首相丘吉尔在面对以希特勒为首的法西斯时那雄狮般的愤怒、强悍的一面，在世界各大报纸上刊登后极大地鼓舞了全世界人民反法西斯战争的斗志。以此为例分别从技术层面和精神层面讲述人像摄影的重要性，将学生引入到课堂中来。第三，知识点讲解：通过大量的摄影作品讲解人像摄影的定义、人像摄影的分类、人像摄影的技巧等相关知识点。第四，布置课后作业：拍摄人像作品。

本课程将专业元素和思政元素有机融合：第一，在教学引入环节加入疫情期间医护人员冲在第一线的摄影作品，导入思政元素。第二，在举实例环节以表现二战期间的英国首相丘吉尔的人像作品《愤怒的丘吉尔》为例，并借机教育学生，在中国共产党的领导下中国取得了抗战胜利，我们现在强盛的祖国是很多抗日英雄的鲜血换来的，告诫学生勿忘国耻，铭记英雄，珍惜现在的美好生活。第三，在知识点讲解环节以2020年抗疫人像作品（由河南省摄影家协会提供）为例讲解人像摄影的分类和技巧，不仅可以使学生学到专业知识，还能引导学生把满腔的爱国热情转化为建设社会主义现代化国家的强大动力，担当起青年一代的历史责任和时代使命。同时也体现中国一方有难八方支援的大国担当，展现中国强大的凝聚力。第四，在课后作业环节让学生搜集发生在身边的疫情期间的人像作品，将学生带入情节，激发学生的民族自豪感。本节课将思政元素有机融合在课堂教学中，真正做到了润物细无声，实现了思政育人目标。

五、组织实施

（一）教学引入

刘晓诗接触摄影有一段时间了，对摄影器材的操控日趋熟练，对构图技法、光线运用等也慢慢有了自己的心得。但她最近遇到了难题，拍出的照片总是不尽如人意。晓诗很困扰，但又不愿放弃自己的爱好，这天，正好有一个摄影大师到学校开讲座，晓诗趁机把自己的困惑告诉了摄影大师。摄影大师听后问晓诗：“你平时有比较喜欢的摄影题材吗？”“没有啊，我看到什么就拍什么，生怕错过了任何一个动人的瞬间。”摄影大师说：“这样吧，你先去试着把人拍好，这段时间专攻人像摄影，之后再慢慢涉猎风光、运动等领域。正所谓术业有专攻，集中一定的时间去专门从事一种专题的拍摄，之后你一定会有很多心得，也会取得很大的进步。”

在“学习通”上查看学生上传的人像作品，并由全班同学共同鉴赏。

（二）抛出问题

怎样才能拍出一幅好的人像作品？

（三）举实例

以下是二战期间英国首相丘吉尔和中国抗日英雄杨靖宇的肖像。

照片上的丘吉尔怒目而视，一幅挑战者的姿态，成为二战时英国不屈不挠、决心作战到底的勇气的象征，极大地鼓舞了全世界人民反法西斯战争的斗志。

抗日战争期间涌现了无数的英雄人物，他们用自己的鲜血和头颅换来了新中国的成立。

杨靖宇(1905—1940),河南确山人。1940 年 2 月 23 日 10 点左右,杨靖宇踏着没膝的白雪,来到濛江县保安村三道崴子林中,他已 5 天 5 夜粒米未进,周围有数百号敌人在全力围捕他。杨靖宇牺牲后,日本侵略者始终无法理解的是:自 1940 年 2 月 18 日以来,他已被围困在冰天雪地里,完全断粮 5 天 5 夜,他究竟靠什么生存的?为了解开谜团,敌人残忍地将他剖腹查看,发现他的胃里尽是枯草、树皮和棉絮,竟无一粒粮食!是什么支撑他坚持这么久?是坚信中国终将走向胜利的信念!

一幅优秀的人像作品是可以向读者传达出背后的故事,并引起读者的共鸣的。

(四)知识点讲解

人像摄影的定义:摄影者运用摄影器材通过光线运用、姿态造型、影调色彩、画面构图、神态捕捉和后期制作等技术技巧表现被拍摄人物的外貌形象、神韵气质和性格特点。

知识点:

(1) 第一部分——人像摄影的分类:

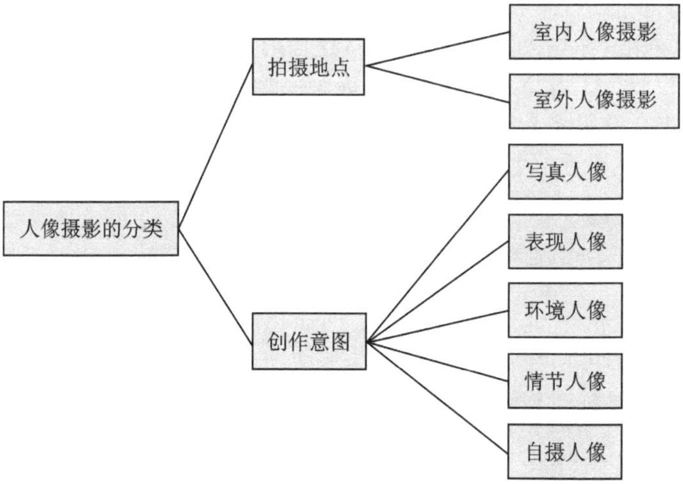

(2) 第二部分——人像摄影的技巧:

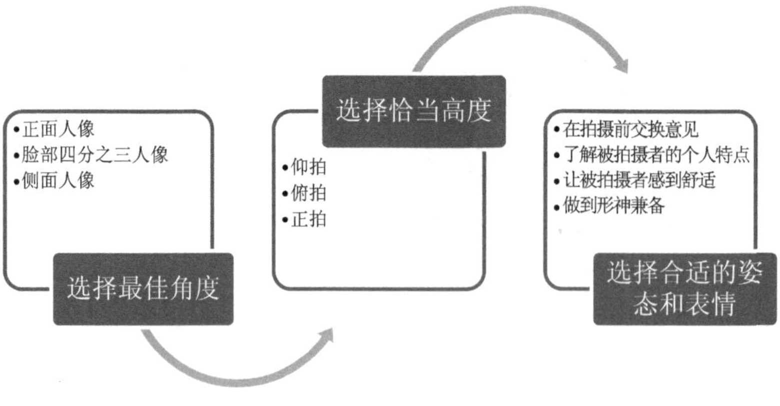

下面用具体案例来讲解每个知识点(本部分的案例素材由河南省摄影家协会提供)：

(1) 第一部分——人像摄影案例讲解：

① 写真人像：在抗击新冠肺炎疫情过程中勇于奉献的医护人员和期盼抗疫胜利的笑颜。

这样的笑脸也暗示着我们中国人民在中国共产党的领导下，全国上下、社会各界勠力同心，坚信一定能打赢疫情防控阻击战！

② 表现人像：

抛出问题：这四幅作品分别给观众呈现了什么样的视觉感受？分别从作品本身和精神境界两个方面进行讨论。

课中讨论：学生分组讨论四幅作品。

提问：由学生代表分两个方面(技术层面和精神境界)阐述四幅作品带来的视觉感受。

教师总结：四幅作品展现了在抗击疫情过程中期盼回家的患者、无私奉献的逆行者、互相加油打气的医护人员，诠释了拍摄者的心理感受。从医护人员身上我们看到了院士的专业、战士的勇猛和国士的担当，我们也会永远记住他们的名字。医护工作者们与时间赛跑，日夜奋战，铸就了战“疫”前线的坚强堡垒。

③ 环境人像：

环境人像

环境人像把人物置于所处环境中，它能展示更多东西，能向读者提供说明性的线索

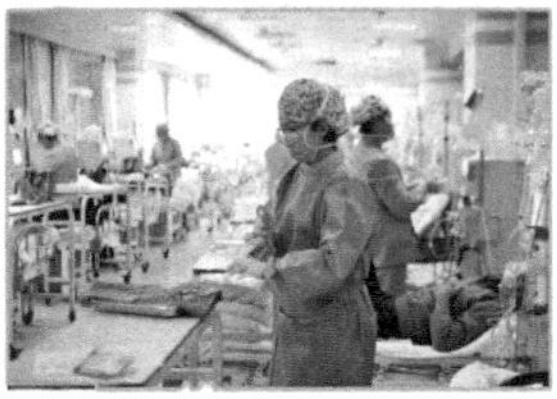

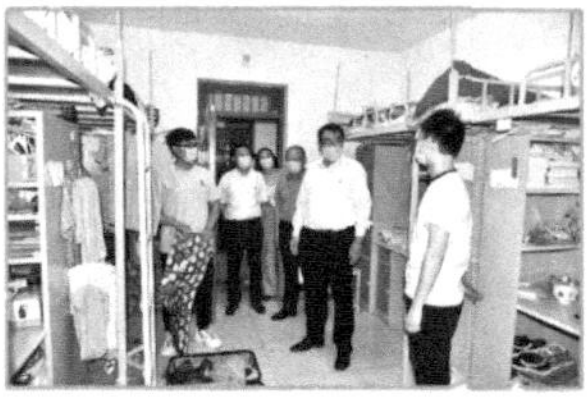

在这四幅作品中有“疫”往向前的快递小哥，有工作中的医护人员，有坚守在岗位上的党员教师。

在疫情期间，为了满足人民的生活需要，快递小哥毅然坚守在工作岗位上，而医护人员更是忘记生死，冲在第一线。如果说专业的人在一线为专业的事而操劳，那么非专业的人们也从未袖手旁观。无数企业和个人纷纷献出爱心，努力做着他们觉得“不足挂齿”而又令人动容的事情，众多每天行走几万步奔波在基层疫情联防联控岗位上的工作者在默默付出，无数企业和个人纷纷捐款捐物，急需物资生产企业克服困难复工复产，大批科技工作者加紧研究疫苗……除了战“疫”前线的“最美逆行者”和战“疫”后方的坚强“战士”，全国人民也响应号召，“宅”在家里为战斗贡献自己的力量。这些都充分体现出了高度的社会责任感和勇于担当的使命感。

④ 情节人像：

情节人像

被拍摄者在摄影师或自己创作的情境中扮演角色

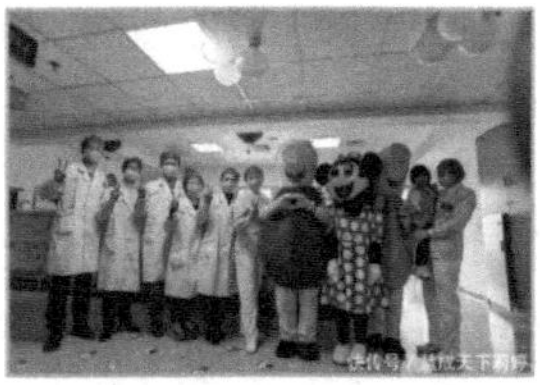

⑤ 自摄人像：

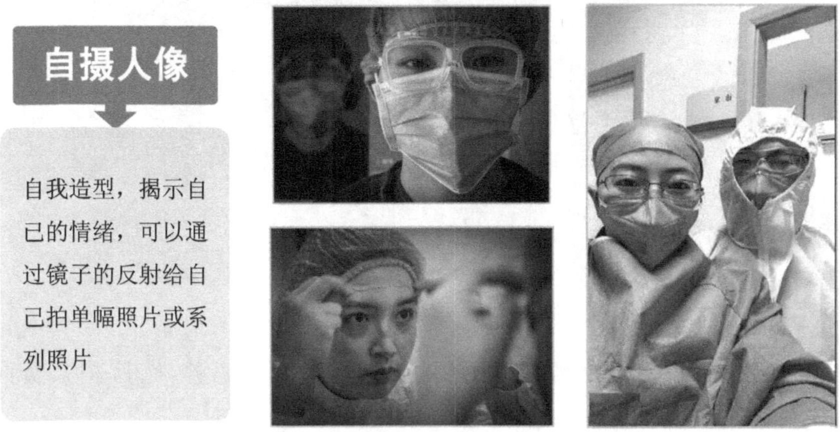

从上述作品中可以看到，医护人员脸上被口罩勒出的印记。穿着防护服连续工作 12 小时这样的艰苦是无法想象的，我们没有看到黑暗是因为有人替我们挡住了黑暗。

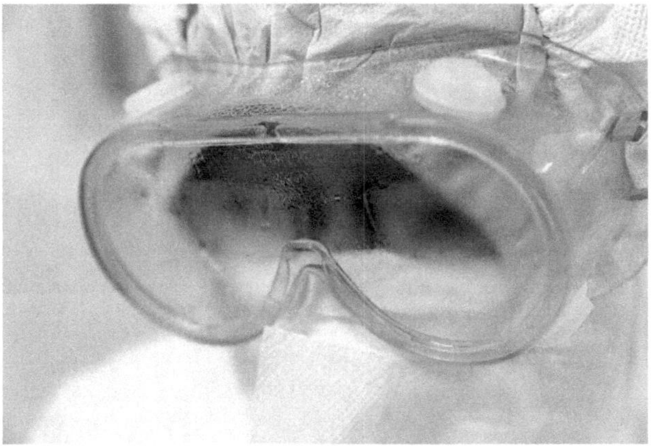

“我不能哭，护目镜会花”一位广东驰援武汉的“90 后”护士对着镜头说完便转身走向隔离病房。火神山医院的一位护士在母亲去世时却只能朝着家的方向三鞠躬作最后的告别。一个个战“疫”英雄、一个个坚守岗位的白衣天使、一队队临危受命的最美逆行者，他们舍小家为大家，面临超负荷的工作和被传染的危险，用大爱之心奋战在疫情前线。四川汶川地震时得到湖北对口援建的老百姓将自家种的蔬菜捐献给湖北，新冠肺炎病愈后又捐献血浆者为危重症患者治疗做出了自己的贡献，他们身上体现出了对爱的感恩和回馈。

(2) 第二部分——人像摄影技巧：

① 选择最佳角度：

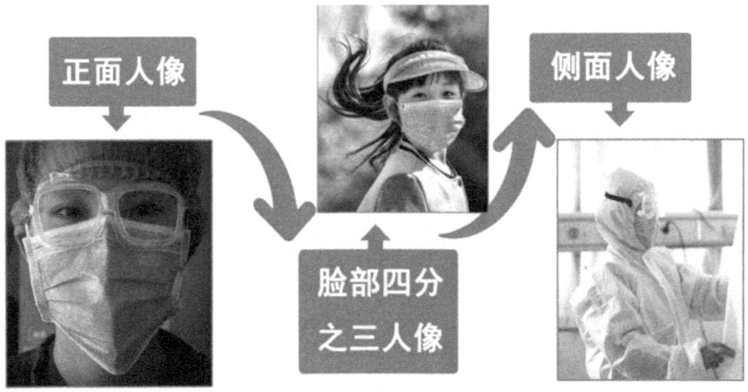

② 选择恰当的高度。

以下三幅作品分别是疫情期间的保电战“疫”、停课不停学、医护人员向镜头挥手。

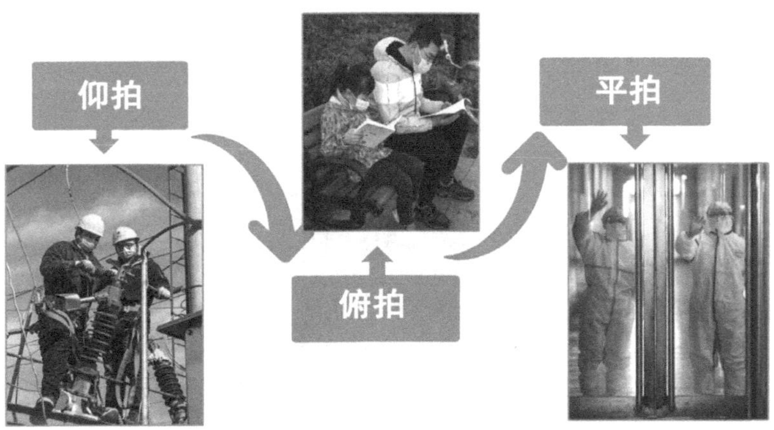

③ 选择合适的姿态和表情：

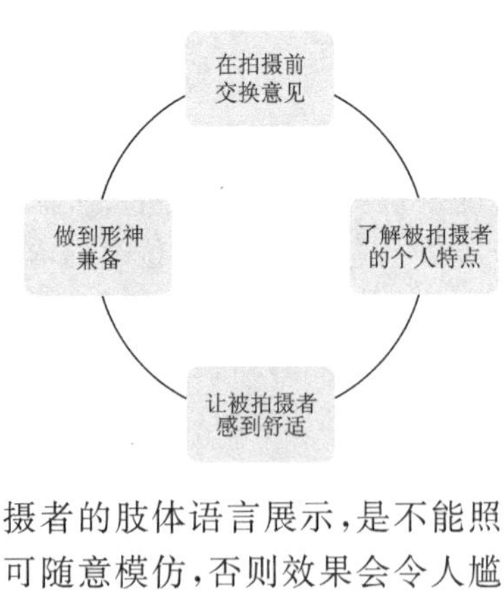

姿态造型主要是被拍摄者的肢体语言展示，是不能照搬的，它是每一个人物的特定形式，应因人而异，切不可随意模仿，否则效果会令人尴尬。

六、课后作业

在疫情期间，涌现出了许多英雄人物，寻找身边为疫情默默付出的人们，找到与疫情相关的素材，为他们拍摄肖像。

七、总结反思

本案例所采用的素材全部由河南省摄影家协会提供，具有很强的专业性，在学生学习的过程中很有帮助；素材的使用和知识点的讲解较为紧密，不仅实现了课程教学目标，也达到了思政育人的效果，实现了润物细无声。另外，本案例展示的素材角度比较全面，有医护人员、快递小哥、供电工人、普通大众等，可以让学生真正体会到社会主义制度的优越性并在学习过程中无形感受到疫情是对我们每个人的挑战，但同时也给我们带来了成长和锻炼，需要我们坚定信念、增强信心，需要我们保持定力、克服困难，勇敢担负起时代赋予我们的历史责任，只争朝夕、不负韶华，做社会主义事业的合格建设者和可靠接班人。

在教学实施过程中也有一些不足之处，主要包括：在讲解摄影技巧时所用素材略少，接下来应查找更多素材，充实课堂内容；理论知识讲解形式较少，应采取多种多样的形式吸引学生的注意力，发挥学生的主观能动性，实现翻转课堂，提高课堂效率；采用现代教学手段较少，接下来应构建线上线下混合式教学，提高课堂教学的效果。

“艺术设计创新”课程思政教学案例

课程名称：艺术设计创新
学时/学分：32/2
课程类别：学科创新课
适用专业：艺术类本科专业
主讲教师：王栋、王敏
双学科团队：任经辉、李云、曹雪

课程简介：

“艺术设计创新”是我校艺术类本科专业的一门学科创新课。本课程以育人为核心，以立德为根本，旨在培养德智体美劳全面发展的社会主义建设者和接班人。通过本课程的学习，可使学生牢固树立创新意识，了解创新在艺术设计活动中的重要影响，掌握创新基本方法在设计活动中的运用，掌握艺术设计创新的过程，了解社会经济发展新常态和新政策，了解历史，挖掘中国传统文化，培养爱国情怀，增强文化自信，弘扬社会主义核心价值观，传播正能量，弘扬工匠精神。

案例一：艺术设计创新原则

一、课程教学目标

（1）了解艺术设计的经济、社会和文化意义。

（2）了解艺术设计创新原则。

二、思政育人目标

（1）延续历史文脉，增强文化自信。

（2）体现实事求是的设计态度，遵循以人为本的设计原则。

（3）强调艺术设计创作中的工匠精神，并在设计过程中努力做到汇通古今、通晓中外，学会利用现代科学技术手段完善设计作品。

三、育人主题

增强文化自信、弘扬工匠精神。

四、案例设计

本节课程通过引导学生寻找、挖掘、总结中国文化元素在各个设计领域的应用，帮助学生理解中国文化元素的社会意义和文化意义，所采用的案例都是有中国历史人文特征或在改革发展进程中具有重大意义的设计项目，比如世博会中国馆与古代官帽的关系类比、奥运火炬与祥云的图案变形，还通过金镶玉奖牌的设计演变体现在艺术设计过程中要大力弘扬工匠精神。

本节课程运用媒体演示法，给出大量案例图片，直观展示艺术设计符号元素的应用；运用情景问答法与学生开展课堂互动，让学生针对案例谈体会、谈心得、谈方法；再运用直观演示法现场展示利用中国传统文化元素创新设计的饰品和工艺品，让学生真切感受创新设计方法；最后要求学生利用网络资源搜集图片资料，开展分组讨论，提取创新点并完成作品设计。

五、组织实施

（一）回　顾

艺术设计创新元素的提取。

深度挖掘中国传统历史文化，提取文化符号艺术元素。

（二）导入新课

提问：请同学们寻找身边以及在手机、电视等中常见到的中国元素，如同学的饰品、水杯、服装、栏目背景、广告设计等。提出观点：符号元素不仅表象地体现在图案、形状等方面，更重要的是与使用功能和人的需求方面的融合。以此帮助学生了解艺术设计的经济意义、社会意义和文化意义。

（三）讲授新课

1. 艺术设计的经济、社会和文化意义

文化艺术元素的应用体现在两个方面，一是美化环境、提升生活质量和生活品位，此为经济方面的作用。二是文化艺术元素能够凸显和提升产品、事件或活动的社会影响力和文化影响力。

举例：2010 年世博会——中国馆。

中国馆的“斗冠”造型整合了中国传统建筑文化要素，地区馆的设计也极富中国气韵，借鉴了很多中国古代传统文化元素，以叠篆文字传达出了中华人文、历史、地理信息。

举例:2008 年北京奥运会。

北京奥运会是国人期盼许久的盛会,是百年中国体育梦的实现,因此如何向世界展现中国,输出中国文化,是一项重大而复杂的设计任务。在多元化发展的时代背景下,要打造一个城市的品牌和一个国家的形象,就需要在场馆、设施、物品、广告的设计中融入中国传统文化符号艺术元素,并加以归纳、变形和创造,形成既保留中国味道又令人耳目一新的设计作品。

播放 2008 年北京奥运会相关视频,请同学们在视频中寻找设计创新的应用,随后提问。

北京奥运会的各项标志给人们留下了深刻的印象:"祥云""奥运会会徽""金镶玉""舞动的北京"都带有浓浓的中国味儿。当这些中国标志通过奥运会传递到世界各地的时候,中国文化也展示在了世界人民面前。

2. 艺术设计创新原则

艺术设计创新需要找准突破点,以解决问题为中心,并经过反复的论证或实验,如此才能得到较为完美的设计方案。

举例:奥运金牌金镶玉的设计过程。

"金镶玉"是北京奥运会的奖牌设计所采用的式样,喻示中国传统文化中的"金玉良缘",体现了中国人对奥林匹克精神的礼赞和对运动员的褒奖。它的创意十分新颖,突破了以往奥运会奖牌设计材质单一的传统,还融入了典型的中国文化元素;以"金镶玉"为创意的北京奥运会奖牌挂钩由中国传统玉双龙蒲纹璜演变而成;整个奖牌尊贵典雅,中国特色浓郁,既体现了对获胜者的礼赞,也形象诠释了中华民族自古以来以"玉"比"德"的价值观,是中华文明与奥林匹克精神在北京奥运会形象景观工程中的又一次"中西合璧"。

最初玉与金属的结合得到了国际奥委会的认可,然而最终实现这一划时代的突破还有很多技术难关需要攻克。中标后的 3 个月的修改时间里,参与设计的人员感到责任和压力重大,24 小时加班成为常事,然而就在此时,国际奥委会专家提出了玉石容易摔碎的问题,并且通知设计成员:在正式批复之前,必须要解决玉石摔碎的概率问题,否则方案将被否定。

在前期设计时,设计者们没有考虑到这一点,只把奖牌设计的侧重点放在了文化性和特色上。但是国际奥委会同时考虑到,如果运动员拿到奖牌后非常激动,把奖牌扔给队友或抛向观众席,玉就有被摔碎的危险。国际奥委会还提出,大多数人是通过电视镜头看到奖牌,如果玉太宽,金属边几乎看不见,会让观众误以为是玉牌,必须在电视镜头中依然能够区分金牌、银牌和铜牌。

按照国际奥委会的要求,奖牌从 2 米的高度自由落下,掉在最硬的地面上,玉石要保持完好。中央美术学院的王沂蓬教授带领修改完善小组对金属和玉结合的工艺技术及安全性进行了技术测试,重新调整了奖牌的厚度和内部结构,从力学、材料学、结构学等的角度探讨、研究了这一问题。

奖牌抗摔实验过程一波三折,实验中,玉石总是在从 1.5 米左右的高度掉下时摔碎,有一个甚至在从 1 米的高度掉下时就摔碎了。当时只剩下两个月的修改时间了,时间紧任务重,为赶在最终提交实物前解决问题,设计团队共拿出了 18 个方案。最后,修改完善小组在专业实验室模拟了现场情况,对金属和玉结合的工艺技术及安全性进行了 4 次技术测试——系上绶带的奖牌分别以不同角度从 1 米、1.5 米、1.9 米、2 米的高度做自由落体跌落实验,明确了以 3 种不同结构设计的奖牌的不同性能,并据此调整了奖牌厚度和内部结构。终于,第 4 次实验成功了,奖牌自 2 米高空坠落,毫发无损。

为使“金”和“玉”这两种材料达到视觉上的完美结合,奖牌修改完善小组对玉石在牌面所占的比例进行了多次调整,设置出了金属与玉之间的最佳比例,突出了奖牌的金属质感。经过两个月的紧张研究和实验后,难关被一一攻克。

这个故事告诉同学们,在科学技术日新月异的现代社会,拥有工匠精神的劳动者只有在工作中不断改进工艺、追求极致,才能成为使整个国家迈向制造业强国的坚实人才。历史证明任何科技的发展都不能取代劳动者的双手,中国梦的实现仍需要工匠精神,工匠精神必将推动中国制造的发展。当前我国经济发展进入新常态,推动制造业强大面临着巨大压力,需要呼唤工匠精神的回归。新时代工匠精神是在传统工匠精神的基础上加入创新元素,它不再一味地强调一丝不苟、慢工出细活,而是更加注重作品的突破性和创新性,强调作品应源于生活并高于生活,强调创造而并非制造。

(四) 课堂拓展讨论或课下研学

任务:“丝绸之路”文创作品调研。

要求:

(1) 寻找、收集“丝绸之路”相关的文创作品;

(2) 深挖文化内涵,提取创新点和文化符号。

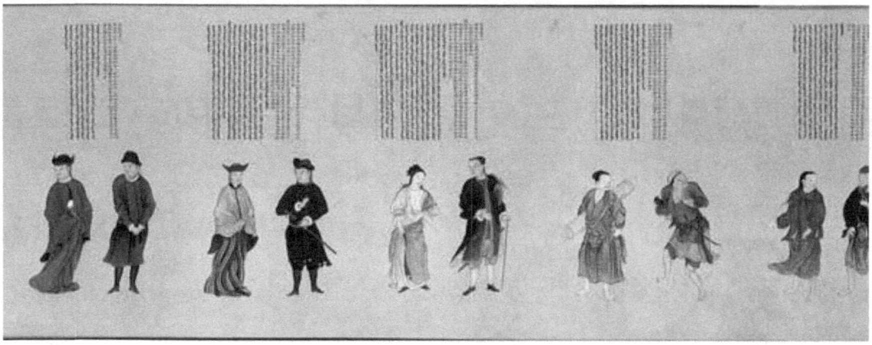

（五）课堂小结

如果说和而不同、兼收并蓄的文明交流理念是一个精彩的起笔，那么它所勾勒出的则是人类文明和谐发展的新路线图，擘画出的则是实现世界持久和平繁荣、共建人类命运共同体的大画卷。作为这幅大画卷的执笔者，各位同学一定要认清自己的历史责任和身上的重担，要将复兴中华、实现中国梦当作自己的毕生志愿。而作为设计师，则要知晓古今，汇通中外。只有用巨大的知识储备去剖析各种设计现象，才能够洞悉设计的本质，将源源不断的传统元素运用在自己的作品之中。另外，还要学会用高新技术来丰富自己的设计活动，展现新时代的工匠精神。

六、总结反思

由于年龄限制，本届学生对北京奥运会的印象大多只停留在开幕式和一些片段中，对整个奥运会没有一个全面的了解，不清楚国人所期盼的百年奥运梦想以及奥运会对提升国家在全球的地位和影响力所起到的重要作用，应当更多地引导学生领悟奥林匹克精神，使其体会到体育带给我们国家和民族的力量，更加激发学生的爱国热情。

大部分学生的历史文化知识还停留在中学历史课本的范畴，对我国悠久的历史文化知识了解得比较片面，很少深入思考政治、经济、文化、艺术等方面对历史发展的推动力和影响力，应当提倡学生广读历史典籍、梳理历史脉络、构建历史观念，帮助学生提炼出有内涵、有价值的文化元素和艺术符号。

“固体废物处理与处置”课程思政教学案例

课程名称：固体废物处理与处置
学时/学分：32/2
课程类别：专业课
适用专业：新能源材料与器件
主讲教师：郭战永
双学科团队：闫冰冰、丁海、李发闯、李峰辉

课程简介：

“固体废物处理与处置”是新能源材料与器件专业本科学生的专业平台课程，其任务主要是学习固体废弃物的来源、分类、特点、危害与一般控制方法。通过本课程的学习，可使学生了解固体废物污染控制及资源化方面的基本理论和技术，培养学生固体废物“三化”处理方面的研究、技术开发和生产管理能力，同时开展职业素养和科学精神教育，增强学生对专业的认同感，从职业意识和文化涵养等多个维度，为学生实现理想目标注入源源不断的动力。

案例一：固体废物的热处理

一、课程教学目标

（1）掌握固体废物的热解原理。

（2）熟悉影响热解过程的因素。

（3）了解固体废物的热解处理工艺及各种热解设备的结构、原理及特点等。

二、思政育人目标

（1）以习近平总书记对生活垃圾处理的论述为引，明确职业责任。

（2）解读中国特色社会主义建设“五位一体”总布局，专业知识对标国家发展，从思想上增强学生对专业的认同感。

（3）以辩论为载体，培养学生细心细致的科学素养。

三、育人主题

职业素养、科学素养。

四、案例设计

该课程采用翻转课堂，以多媒体和网络的多通道为载体，主要采取“情景代入＋线下讨论＋内容分享”的方式完成信息呈现，并辅之以“启发＋案例”。

以常见的话题为例，引出习近平总书记关于城市生活垃圾综合处理的重要论述；在“雨课堂”或“学习通”的课程活动上，依托固体废物处理工艺特点及效果，阐释中国特色社会主义建设“五位一体”总布局。

五、组织实施

1. 课前预习

应用“学习通”平台在课前一周将相关的资源包发放给学生，让学生课前自主学习；指定必学和选学内容，并准备相关案例或者图片、问题等到课堂上共同讨论。

2. 引　入

本课以常见的话题为引，结合习近平总书记关于城市生活垃圾综合处理的重要论述及中国特色社会主义建设“五位一体”总布局，展开专业课程教育。

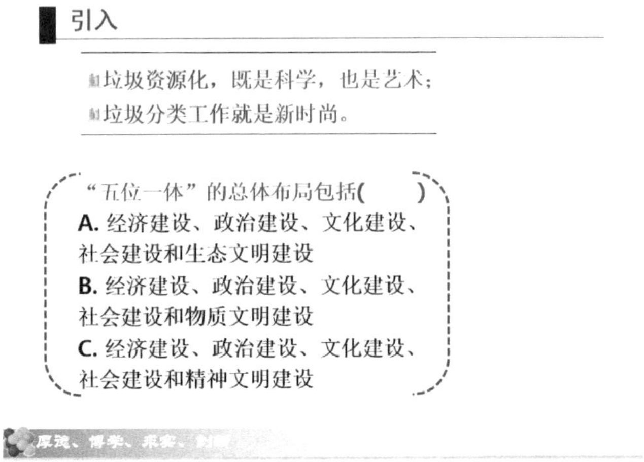

3. 教师讲授

点明热解中的重难点，使学生熟悉热解的定义及特点，掌握有机固体废物热解机理及产物，熟悉影响热解过程的因素和热解工艺分类及常用设备；结合焚烧工艺，分析热解过程的主要特点(优缺点)；简要讲解热解工业常用设备。

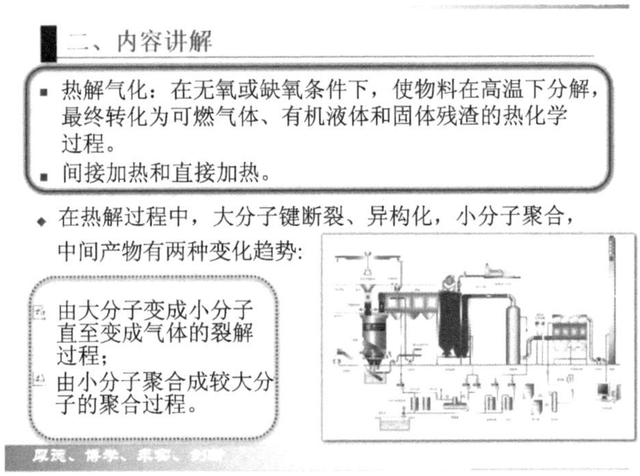

4. 成果分享+讨论

发挥学生的主观能动性，突出学生的主体地位，以学生为主，要求以小组为单位准备 5 分钟的内容，主要阐明“针对当前常见城市生活垃圾，你所选择的处理工艺”，并提供支撑材料，通过对比焚烧和热解工艺，以辩论总结的方式，构建热加工知识框架，促进学生主动学习，在专业学习中由学生自主完成德育元素挖掘和教育。其他组的同学以主人翁的态度为分享小组进行综合打分，作为该组同学过程性考核成绩的重要组成部分。

5. 教师总结

对学生分享的内容进行总结，并挖掘德育元素如下：

习近平总书记关于城市生活垃圾综合处理的重要论述和中国特色社会主义建设"五位一体"总布局无一不证明学生的专业发展与国家发展的高度契合，以此可从思想上增强学生对专业的认同感和细心细致的科学素养。同时，在辩论中引出"细节决定成败"，牛顿注重细节，发现了万有引力，达·芬奇注重细节，成为了一代大家，希望学生在以后的学习和工作中做一个细心的人。以此使学生熟悉国家政策，提升专业归属感，使专业发展与国家发展相统一。

6. 共　鸣

课后要求学生利用"学习通"平台发布一张实际生活中自己觉得最有意义的有利于垃圾高效处理的照片。

7. 考　核

课堂讨论、课后作业、课堂展示、辩论成绩、互评成绩。

六、总结反思

本案例中思政元素的开发是通过结合习近平总书记关于城市生活垃圾综合处理的重要论述及中国特色社会主义建设"五位一体"总布局，展开专业课程教育的方式实现的；通过辩论的方式引出"细节决定成败"这一科学论断，较充分地把思想教育贯彻到了教育教学的全过程，从思想上增强了学生对专业的认同感和细心细致的科学素养。

小组讨论环节，"对比焚烧和热解工艺，阐明针对当前常见城市生活垃圾，你所选择的处理工艺"任务综合性较强，对学生基础知识掌握的深度和广度要求较高，需要教师在课前资源发放及课程讲授过程中有针对性地提供支撑材料。

案例二：冶金固体废物的综合利用

一、课程教学目标

（1）了解冶金固体废物的来源。

（2）熟悉常见冶金废渣的利用方法。

二、思政育人目标

（1）以相关领域的院士为榜样，在专业学习、能力培养方面帮助学生，同时兼顾科学精神教育。

（2）以领域先进人物为例，培养学生顽强拼搏、永攀高峰的科学精神。

三、育人主题

科学素养。

四、案例设计

本课程主要由教师和学生互动合作，共同完成教学目标。根据教学内容和学生为主的教学方式，课堂中引入讨论法、案例法、引导法等教学方法。通过线上互动+自主探索模式，以案例分析为手段，以问题为导向，提高学生参与度并完成重难点教学任务。

传统冶金高能耗、污染重，急需开发高效、节能、环保的新工艺。彭金辉院士投身微波冶金新技术，寻找低能耗、高资源利用率和高产品附加值的发展路。有人评价彭金辉院士开发和推广的技术成果是以高新技术改造传统产业的典范，引领着我国微波冶金装备产业化发展。本课以此为例，在专业学习、能力培养方面帮助学生，同时兼顾科学精神教育，培养学生顽强拼搏、永攀高峰的素养，实现课程教学目标与课程思政教学目标的同向同行和立德树人的总目标。

五、组织实施

1. 课前预习

应用“学习通”平台在课前一周将相关资源包发放给学生，让学生课前自主学习；指定必学和选学内容，并准备相关案例或者图片等，总结目前冶金废渣的处理方向，思考未来的发展趋势，在课堂上共同讨论。

2. 引　入

让学生以目前钢铁企业，如安阳钢铁、宝武钢铁等企业的生产工艺为例，介绍钢铁生产现状及产出废弃物，结合前期自学内容思考未来工艺发展方向。

3. 教师讲课

课上以常见冶金固体废物，如高炉渣、赤泥、铜渣的资源化等为例，讲解实现综合利用的处理过程，随后扩展其他非常规先进处理工艺，如微波、微流体、真空等。

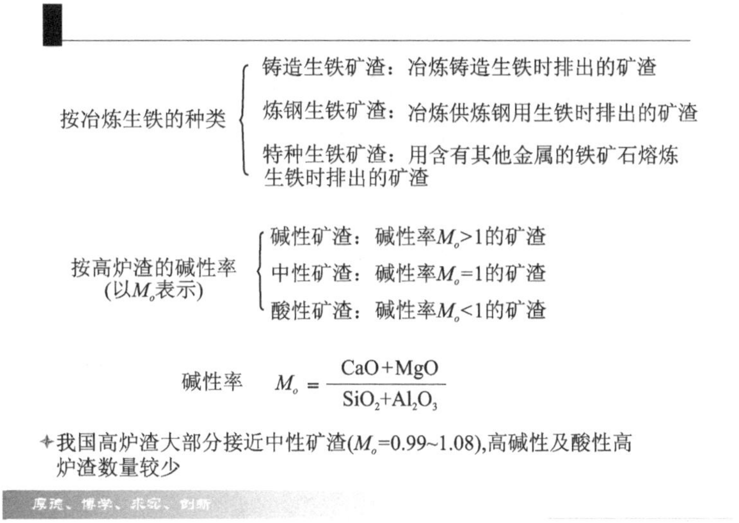

以微波加热在冶金固体废物中的应用为例，说明微波加热的基本原理及与常规加热的区别、优势、缺点等，从而引出彭金辉院士学成归国，扎根边疆，立足云南，在冶金领域埋头苦干的先进事迹，培养学生顽强拼搏、永攀高峰的素养及积极投身国家战略发展的职业愿景。

4. 成果分享＋讨论

发挥学生的主观能动性，突出学生的主体地位，以学生为主，要求以小组为单位准备 5 分钟的冶金固体废物处理实例说明，并提供支撑材料，引导学生认识到：传统冶金能耗高、污染重，寻找低能耗、高资源利用率和高产品附加值的新工艺是未来发展的趋势。而后，以"微波加热在冶金固体废弃物综合利用中的应用实例"要求学生以组为单位准备素材，并在课堂上分享具体工艺并提供理论依据；引导学生主动学习用火法处理固体废物的常见理论依据及工艺设计思路。

5. 共　鸣

课后要求学生利用"学习通"发布一段 200 字左右的对任意一位冶金领域院士的评价。

6. 考　核

在过程化考核中，除课堂讨论、课后作业、课堂展示外，加入学生互评项，使学生无死角、全过程地参与整个教学环节，增加学生的自我管理。

六、总结反思

本案例的思政元素从行业领军人物——彭金辉院士的奋斗历程引入，要求学生以小组为单位收集先进处理技术并在课堂上分享，较高效地完成了专业基础课程中思政元素的挖掘，较充分地实现了把思想政治工作贯彻到教育教学全过程，避免“为思政而思政”的尴尬局面。

本案例的不足之处在于学科背景的影响：学生对于微波加热理论及微波技术在冶金中的应用了解不深，资料收集效率较低。因此，本次课中需要教师为学生提供较直接的资源查找方式及数据库，并要求学生在课下及时持续进行归纳总结。

“冲压工艺及模具设计”课程思政教学案例

课程名称：冲压工艺及模具设计
学时/学分：40/2.5
课程类别：专业必修课
适用专业：材料成型及控制工程
主讲教师：马秉馨、苏光、朱兴林
双学科团队：马秉馨、王玉萍、苏光、朱兴林、韩艳艳、原国森

课程简介：

“冲压工艺与模具设计”以冲压工艺理论、冲压模具设计方法与技巧等为研究对象，是材料成型及控制工程本科专业的一门核心专业课程。通过本课程的学习，可让学生熟悉常见的冲压工艺；能够利用冲压工艺基本理论解释常见的冲压现象，分析冲压生产中常见产品质量问题产生的原因并给出合理的解决方案；熟悉常见冲压模具的结构特征、冲压模具设计及计算流程，能够读懂中等难度的模具装配图；掌握绘制模具零件图、装配图的特殊要求，能够利用 AutoCAD 软件绘制模具零件图、装配图，熟练掌握并合理运用国家标准及冲压行业标准。

通过本课程的学习，可提高学生发现问题、分析问题和解决问题的能力，使学生掌握分析问题、解决问题的科学方法，能够进行工艺分析，提高计算能力；可培养学生对专业软件的应用能力及模具设计能力，使学生能够灵活利用计算机等先进手段进行模具设计或工艺计算；可提高学生的读图能力和计算机绘图能力，培养其具备良好的专业能力和文字、语言表达能力及自学能力等。本课程可引导学生厚植爱国主义情怀，树立正确的世界观、人生观、价值观和职业理想，增强道德意识和法制意识，培养高度的责任心、团结协作精神，科学严谨的工作作风，踏实的工作态度及精益求精、一丝不苟、爱岗敬业、勇于创新的工匠精神。

案例一：弯曲件的质量问题

一、课程教学目标

（1）了解弯曲工艺的种类。

（2）掌握弯裂、回弹、偏移的概念、产生原因、影响因素及防止措施。

（3）熟悉弯曲件工艺性分析及弯曲工艺方案的确定。

二、思政育人目标

（1）培养精益求精、敬业奉献、耐心执着的工匠精神。

（2）增强民族自豪感，厚植爱国主义情怀。

（3）提高用"辩证唯物主义认识论"的原理透过现象看本质的能力。

三、育人主题

工匠精神、爱国主义情怀。

四、案例设计

通过课堂各环节的设计将思政教育有效融入课堂教学中：在上次课结束后布置预习任务，使用任务驱动法让学生以小组合作的形式带着任务来学习，以此提高其发现、分析、解决问题的能力和团队意识；课前进行视频赏析，使用案例教学法让学生体会大国工匠们精益求精、敬业奉献、耐心执着的工匠精神，增强其爱国主义情怀；课上针对视频内容提出专业相关的问题，让学生进行讨论回答，使其学会透过现象看本质；课上对预习任务进行点评，使用表扬法、讲授法，提高学生的自信心，培养其认真、细心的职业素养；课上知识讲授时，使用讲授法、问答法，引导学生层层深入思考、获取知识要点，提高学生分析问题的能力，通过对视频中涉及的专业知识的讲解，提高其职业素养、培养其工匠精神；通过小组讨论，提高学生的合作能力；通过课上提问测试，锻炼学生的语言表达能力；布置课后预习任务，通过问题探究法提高学生的自学能力等。

五、组织实施

上次课结束后布置预习任务：利用"学习通"平台或"中国 MOOC"预习"弯裂、回弹、偏移的产生原因、影响因素及防止措施"，布置若干道难度较低的练习题，包括选择、填空、判断等题型，使用问题探究法让学生带着问题去预习、明确学习目标；另外，要求学生在学习过程中做笔记后拍照上传至"学习通"；通过预习锻炼学生的自学能力。

(一)课前播放视频

播放视频《[杭州工匠]助力实现航空梦的飞机钣金工李永国》和视频《[大国工匠]钣金工王伟:托举中国大飞机翱翔蓝天》,通过视频让学生感受中国制造业的强大,增强其民族自豪感,使其厚植爱国主义情怀。

展示工匠王伟师傅、李永国师傅的精湛技艺,利用他们的宝贵经验让学生明白要想不断精进技能,就需要一个日积月累的学习和练习过程,就要能吃得了苦,耐得住性子,以此端正学生的学习态度,培养其吃苦耐劳的工匠精神。

利用大飞机舱门零件的生产实例,展现"精度"对质量的影响以及对安全的影响,让学生充分感受到"精度"的重要性,培养其严谨的科学精神。

(二)课堂引入

针对课前播放的视频提出问题"C919大飞机舱门零部件的生产需要用到哪种弯曲工艺?"以此来引导学生回顾上节课的知识点。同时抛出问题"飞机舱门下部的微小弧度为什么不容易达到精度要求?"(如图1所示),提示学生可以从"影响弯曲件质量问题的因素"入手进行分析,利用问题探究法引导学生带着问题进行学习,并探究现象背后的本质原理。

图1　C919大飞机行李舱舱门下的微小弧度

(三)预习任务讲解

首先对全班同学能够按时完成任务提出表扬。查看并展示学生们的预习笔记:重点展示书写规范、条理清晰的笔记,供其他同学学习借鉴;展示质量相对较差的笔记,指明存在的问题,鼓励其今后继续努力。以此来帮助优秀的同学树立自信心,帮助程度较差的同学发现差距,增强其进取心。

(四)师生互动及课堂讲授

1. 练习题讲解

根据练习题的正确率判断基础知识中哪些是学生通过预习没有完全掌握的,挑选学得好的学生来进行讲解,以提高其语言表达能力,然后教师再进行补充。

此方式只应用于学习“弯裂、回弹、偏移的概念及产生原因”过程中。

2. 难点讲解

询问学生在预习过程中哪些知识点学习起来有难度,并对其进行重点讲解。

针对难点“弯裂、回弹、偏移的影响因素及防止措施”逐一将产生原因、影响因素和防止措施对应起来进行讲解。采用问答法,通过不断抛出提示性的问题引导学生逐渐掌握所学知识点。

在讲解完“回弹”的影响因素后,再次提出“飞机舱门下部的微小弧度为什么不容易达到精度要求”,让学生进行思考,观察学生的表情,如果学生比较困惑,就给出提示“可以从变形程度的角度进行解释”。通过“学习通”随机抽选学生进行回答,回答正确后加分,若回答不完整,则再抽选其他学生进行补充,并给以不同的加分分值。最后,教师对“飞机舱门下部的微小弧度不容易达到精度要求”现象进行规范描述。

讲完“回弹”的控制措施后,可以问学生们“可以尝试使用什么措施来提高飞机舱门下部微小弧度的精度?”以此深化学生对此部分知识的理解记忆。

(五) 课堂讲授

课间休息后,用类比法类比冲裁件工艺性分析,引导学生思考为了避免弯曲件出现前述质量问题,需要从哪些方面入手进行工艺性分析。教师从三方面,即材料、结构、精度,讲解弯曲件的工艺性要求及如何分析弯曲件的工艺性。

针对典型弯曲件,讲解弯曲工艺方案的制定依据及常见弯曲件的弯曲次序。

(六) 小组讨论及师生互动

弯曲工序的安排十分灵活,为了培养学生的创新能力,提高其创新意识,在课上给学生若干个弯曲工件,要求学生通过小组讨论对指定工件进行工艺性分析,并给出工艺方案。

小组讨论十分钟后,请各小组选派一名代表上台画出弯曲工序图并讲述工艺性分析和弯曲过程,请其他小组的同学点评并给出建议。最后老师给出点评,对表现好的同学进行表扬并给予不同的课堂加分,鼓励未能积极发表见解的同学以后勇于发言。通过以上环节可提高学生的合作意识、学习积极性及语言表达能力,锻炼其心理素质。

(七) 布置课后小组预习任务

要求学生课后查找资料,找出能够用于生产本次课学习到的几种典型零件(如 V 形弯曲件、L 形弯曲件、U 形弯曲件、Z 形弯曲件等)的弯曲模具,熟悉模具结构,分析模具工作原理。

六、总结反思

学生受到大国工匠光荣事迹的鼓舞，在听课过程中有较高的积极性和较强的专注力，能够基本掌握弯裂、回弹、偏移的概念及其产生原因、影响因素和防止措施，熟悉弯曲件工艺性分析和弯曲工艺方案的确定，能透过现象看本质，灵活运用课本上的知识解释生产现象。

学生对播放的视频反响较大，在后续的教学中可以利用课前或课间时间来播放更多展现中国国力强大的视频，使思政教育在潜移默化中进行。

案例二：典型拉深模的结构及工作原理

一、课程教学目标

（1）熟悉典型拉深模的零件组成及结构特点。

（2）掌握典型拉深模的工作原理。

二、思政育人目标

（1）增强民族自豪感、使命感，厚植爱国主义情怀。

（2）明确人生目标，坚定理想信念。

（3）培养团队意识、合作精神和科学的职业素养。

三、育人主题

民族自豪感、使命感、理想信念。

四、案例设计

通过课堂各环节的设计将思政教育有效融入课堂教学中：在上次课结束后布置分组任务，使用任务驱动法让学生以小组合作的形式带着任务来学习，以此提高其发现、分析、解决问题的能力和团队意识；课前进行视频赏析，使用案例教学法增强学生的民族自豪感、使命感，使其坚定理想信念；课上对分组任务进行点评，使用表扬法、讲授法，提高学生自信心，培养其认真、细心的职业素养。在课上讲授知识时，使用讲授法、问答法，引导学生层层深入思考、获取知识要点，提高学生分析问题的能力；使用动画演示法，提高学生的观察力，通过对设计细节的讲解提高其职业素养、培养其工匠精神；通过小组讨论，提高学生的合作能力；通过课上提问测试，锻炼学生的语言表达能力；课间与学生沟通交流，使用榜样法，激发学生的学习热情、上进心，端正其学习态度；布置课后预习任务，通过问题探究法，提高学生的自学能力等。

五、组织实施

上次课结束后布置分组任务：

观察有凸缘圆筒形件拉深模后，完成以下任务：

（1）写出冲裁模工作零件与拉深模工作零件的区别；

（2）写出模具的工作过程；

（3）写出模具主要零件的作用；

（4）完成模具建模（有能力完成的做）。

通过布置预习任务提高学生的自学能力，通过布置分组任务提高学生的团队合作精神，通过布置选做任务让学生在具备基础建模水平的前提下进一步提高对专业软件的操作能力。

（一）课前播放视频

播放视频《第一辆红旗轿车诞生记》，展示中国第一辆红旗轿车车身是由众多工人通过榔头日夜敲击才生产出来的，祖国四面八方的人们满怀激情赶来支持第一辆红旗轿车的制造，展现工人的积极性、奋勇向前的拼搏精神，以及精益求精、一丝不苟、爱岗敬业的工匠精神。同时用图片展现过去我国生产条件和技术手段的落后。

播放国内某企业的《车门自动化冲压生产线》视频（如图 1 所示），让学生了解在实际生产中需要经过多道拉深工序才能使模具成形，对工艺的要求非常高，只有从现在开始将基础知识学好，以后才能完成复杂模具的设计。此外，利用视频带来的震撼感让学生增强民族自豪感，从内心深处根植爱国主义情怀。

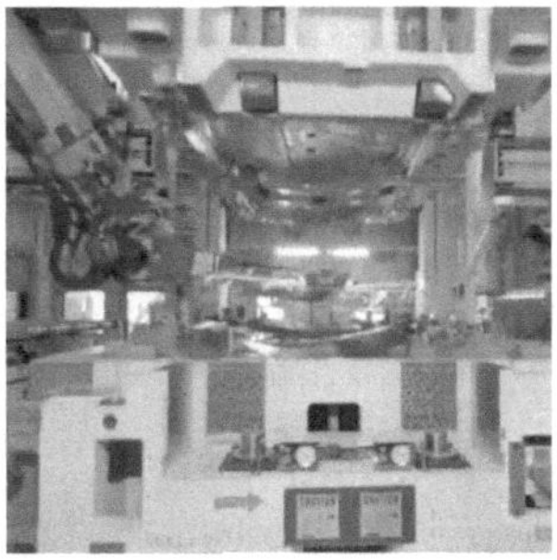

(a)

(b)

(c)

图 1　车门自动化冲压生产线

通过过去的落后和现在的先进形成的鲜明对比，让学生感受到现在的幸福生活的来之不易。

（二）课上讨论

引导学生运用辩证唯物主义的思想来看待问题，要求学生讨论并谈谈看视频后的感受。

提问时让学生抢答，根据回答的正确程度给予 1～5 分不等的课堂加分。

学生谈过自己的感受后，教师指出：“从第一个视频中确实能够看到一汽人自力更生、坚韧不拔的工匠精神，但是我们要辩证地看待问题，之所以用榔头一锤一锤地敲，是因为当时的生产条件和技术手段非常落后；正如第二个视频所示，我们拥有了高精度高质量的模具，再也不需要用榔头一锤一锤地敲击来制造汽车了，有了全自动生产线，很快就能生产出一辆汽车。”

对视频中能够反映出的现象进一步说明：“中华人民共和国成立以来，尤其是改革开放 40 多年以来，我国制造业发展迅速，已经成为世界上工业门类最齐全、制造业产能最大的国家，成为了名副其实的制造业大国，这是我们的一代又一代前辈努力的结果。尽管如此，我们仍然要意识到，我国的制造水平与发达国家还有一定的差距，要想从制造业大国转变为制造业强国，实现中华民族的伟大复兴，需要通过在座的各位的不懈努力。”引导学生树立责任感、使命感和远大的理想抱负，帮助其坚定理想信念，从现在开始为祖国的工业进一步发展、繁荣富强努力学好基础知识。

(三) 课堂引入

对第二个视频中车门的生产工艺进行简单描述：主要需经过冲孔、落料、拉深等模具进行生产，冲孔模和落料模在第三章中已经学习过了；明确指出汽车覆盖件大多都需要用到复杂拉深模来生产，而本次课要学习的拉深模是学习复杂拉深模的基础，以提高学生对本次课的重视程度。

(四) 分组任务讲解

首先对全班同学能够按时完成任务提出表扬，对其给出的答案予以肯定，对完成选做任务的学生提出额外表扬，帮助全班学生增强自信心，使其从中感受到愉悦感，进而提高对课程的学习积极性。然后再对分组任务进行一一讲解。

1. 任务一讲解

对比不同组的答案，找出相同的答案(即为学生们都掌握了的内容)，不再过多讲解；对于不同的答案(说明学生通过自学没有完全掌握)，要进行详细讲解。

展示不同小组上交的工作零件模型，让学生们通过自己的仔细观察寻找其中的不同，并通过对比自己的模型和其他同学的模型发现因为自己的粗心漏掉的细节，在提高学生观察力的同时培养其认真、细致的品质。逐条叙述拉深模工作零件与冲裁模工作零件的不同之处，对“拉深凸凹模具有圆角”这一细节的设计依据进行简单讲解，对于“拉深凸模中有通气孔”这一细节进行重点讲解，通过讲解通气孔的原理让学生加深对这一结构特点的理解与记忆。

2. 任务二、任务三讲解

播放模具工作动画，引导学生根据装配图及动画分析模具的工作过程，将模具工作过程分解为不同阶段。在模具的不同动作过程中，通过问答法，引导学生思考并逐步掌握模具各动作过程中用到的其他零件的种类、结构特点及用途。讲解模具中的设计细节，培养学生细心、耐心、精益求精的职业素养。

要求学生根据讲述内容总结模具的拉深过程，并通过“学习通”发布“抽签”活动随机抽取学生进行回答。学生回答完毕后，展示模具工作过程的专业描述，并逐句讲解，帮助学生了解科技文的写作特点，为其今后的论文撰写打下基础。

(五) 师生互动及课堂讲授

对于剩余 6 套典型拉深模中 3 套结构相对简单的模具，采用学生讲解、教师点评的方式进行教学，以体现学生的主体地位，锻炼其语言表达能力，培养其良好的心理素质，提高其读图能力。

学生可参考"学习通"上相应模具的工作原理动画，对照课本上的模具装配图，通过同学之间的相互讨论来学习模具的结构特点及工作原理，讨论结束后推选代表进行讲解。最后教师对学生表述有问题的地方着重讲解。

(六) 课间交流展示光荣榜

展示班里学生或学长学姐们通过专业软件 UG 在河南省"高教杯"大学生先进成图技术与产品信息建模创新大赛中取得的获奖证书(如图 2 所示)，利用榜样的力量促进学生们奋发进取，努力提高专业技能。

图 2 本专业学生在河南省"高教杯"大学生先进成图技术与产品信息建模创新大赛中的获奖证书

展示班里学生或学长学姐们在河南省创新创业训练计划中获得的立项以及在"互联网+"大学生创新创业大赛中的获奖证书(如图 3 所示)，表扬并鼓励他们继续努力，同时鼓励其他学生向他们学习，勇于创新，积极参加各类比赛。

图 3 本专业学生在河南省"互联网+"大学生创新创业大赛中的获奖证书

(七) 师生互动及课堂讲授

对于剩余6套典型拉深模中3套结构相对复杂的模具，采用教师提示、学生讲解、教师点评的方式进行教学，通过教师一步步地提示引导学生思考，使其逐步读懂模具装配图，理解模具的结构特点和工作原理，逐步提高学生分析问题、解决问题的能力。

(八) 随堂测试

问题1："我国第一辆红旗轿车的覆盖件是使用榔头敲击出来的，请问若使用模具生产需使用哪些工艺?"

问题2："在车门自动化生产过程中，下列工序的先后顺序应如何安排：冲孔、切边、落料、拉深?"

问题3："在拉深模中，压料板有什么作用?"

问题4："拉深模工作零件的特点有哪些?"

在测试结束后查看学生的回答情况，对错误率较高的题目进行重点讲解。问题2的正确排序应为"落料—冲孔—拉深—切边"；指出使用"切边"工序是因为拉深过程中凸耳这一质量问题，因此在下料时需要合理确定毛坯尺寸，为切边工序留出余量，设置疑问"应如何确定拉深件毛坯尺寸?"引出下次课要学习的内容"拉深工艺计算"。

(九) 布置课后预习任务

讲解"拉深工艺计算"主要包括毛坯尺寸计算、工序数的确定、工序件尺寸计算及拉深工艺力的计算等内容，让学生可以利用"学习通"平台进行预习；展示"学习通"和"爱课程"中相应内容的位置。

六、总结反思

学生能够熟记拉深模的设计细节，掌握拉深模的结构特点及工作原理，并深化对冲裁模的掌握程度，认真、细心、精益求精、一丝不苟的职业素养逐步提高，团队意识和合作精神也有所加强。

部分学生理解能力、接受能力较强，掌握知识速度较快，对其可以适当额外布置一些其他学习任务，帮助其提高各方面的能力，课余时间可指导其参加相关学科的竞赛。

“大学英语”课程思政教学案例

课程名称：大学英语(3)

学时/学分：48/3

课程类别：公共基础课

适用专业：全校统招本科所有非英语专业

主讲教师：朱亚宁、李燕、王可，等

双学科团队：朱亚宁、韦青松(马院)、曹秋霞、李燕、王可

课程简介：

“大学英语”是以英语学习为教学对象的一门通识教育课程，是我校学生的公共基础课程。该课程是高等学校人文教育的一部分，具有工具性和人文性双重性质。就工具性而言，“大学英语”课程是基础教育阶段英语教学的提升和拓展，主要目的是在高中英语教学的基础上进一步提高学生英语听、说、读、写、译的能力。就人文性而言，“大学英语”课程的重要任务是进行跨文化教育，核心是以人为本、弘扬人的价值、注重人的综合素质培养和全面发展。学生除了要学习先进的科学技术或专业知识外，还要了解国外的社会与文化，增进对不同文化的理解、对中外文化异同的认识，培养跨文化交际能力，做到不忘本来、吸收外来、面向未来，更好地构筑中国精神、中国价值、中国力量。

案例一：走出舒适区，突破自我，立志成为担当民族复兴大任的时代新人——“沟通视窗”领悟领导力与抗争的艺术

一、课程教学目标

知识目标：能理解并记住领导力及其核心驱动力的概念。

能力目标：能运用“沟通视窗”工具；能用英语表达提升领导力的相关话题。

二、思政育人目标

(1) 增强学生的民族自豪感和自信心，使其内化领导力提升的方法，提高爱国热情。

(2) 分享我校机械工程学院的行业楷模们对领导力在个人成长中的重要体会，增强学生的专业意识、职业素养以及对书本知识理解的深化和升华，使其向行业楷模学习，从而树立培养自己成为能够“担当民族复兴大任的时代新人”的信念。

三、育人主题

突破自我、勇于担当。

四、案例设计

教学设计分课前、课中和课后三个环节。课前环节的内容：发布学习目标和要求以及预习资料(音频、视频、文献)，并且配合有检测预习效果的测试题。课中环节的内容：上课展示学生测试题的正确率，让学生注意重点难点环节的讲解。展示个人及小组的得分，激励学生积极参与课堂活动。回顾领导力概念，找出概念中的两个核心词 trust 和 respect 并帮助学生理解为什么领导力的核心行为是 trust 和 respect。以新冠肺炎疫情防控为例，说明中国共产党伟大的领导力，从而引入获得信任和尊重的工具(沟通视窗)。让学生分组讨论并用英语表达如何运用工具获得信任和尊重继而提升领导力；同时引入课前任务，让学生展示小组协作学习的成果，进行一分钟演说或对话，以在思政语境下完成语言教学的目标。从理论到实践的展示：分享机械工程学院实习基地优秀校友、行业楷模们对领导力提升的体会，以增强学生的专业意识以及对书本知识理解的深化和升华，从而树立培养自己成为能够“担当民族复兴大任的时代新人”的信念。最后进行课程评价和总结。课后环节的内容：发布所学知识的进阶巩固练习，以及下节课内容的先导学习资料和测试题。

课程思政教育点体现在以下几点：导入部分，中国共产党的领导力的体现(思政点一)。文章分析部分：利用阅读技巧分析文章结构，引入“沟通视窗”的心理学知识

点，内化领导力提升的方法，思考作者的建议和观点（思政点二）。课堂讨论部分：如何提升自己的领导力（思政点三）。

五、组织实施

（一）课　前

1. 课前预习

查看线上平台上有关领导力的视频以及文献，了解学习目标，并且完成预习测试题（词汇记忆、课文预习）。

2. 讨　论

完成“学习通”上的主题讨论：“How to understand the definition of leadership and the core driving force of it?”

3. 分组收集

收集关于中国共产党是如何形成领导力的，以及有哪些事可以体现中国共产党的领导力的资料。

（二）课　中

1. 导入党的领导力的体现（思政点一）

内容：教师提出观点并举例，学生进行分组举例展示。

例证：以新冠肺炎疫情防控为例，说明我国之所以在短短几个月内遏制住了疫情的发展势头，是因为我们有强大的凝聚力和万众一心的向心力，而这正体现了中国共产党的伟大领导力。

要求：（1）教师举例后，学生总结出领导力的核心驱动力是 trust 和 respect。

（2）学生分组讨论对观点的理解（中国共产党的初心和使命赢得了人民的信任和尊重，也增强了其领导力），并审视本小组准备的例证是否切合此观点，择优展示。

目的：首先，让学生感受到社会主义制度的优越性，增强其民族自豪感，激发其爱国主义情怀。其次，帮助学生理解领导力及其核心驱动力的概念，为引入后续的课文内容奠定基础；激发学生思考如何提升领导力，了解个人领导力的塑造及提升方法，这样也就引出了本次课要解读的文章——领导力与抗争的艺术。

2. 文章分析

内容：利用阅读技巧分析文章结构，引入“沟通视窗”的心理学知识点，思考作者的建议和观点。

要求：（1）分组任务：让学生利用阅读技巧找出中心句并分析文章结构。

（2）问答互动：理解文中给出的提升领导力的建议和观点。

目的：第一，掌握阅读技巧，分析文章结构。第二，引入“沟通视窗”的心理学知识点，让学生利用心理学知识的抓手来深层次地理解文章的重点段落。第三，通过对作者观点的思考得出结论——走出舒适区，自我抗争，突破自我，不断完善自己。

3. 课堂讨论：如何提升自己的领导力(思政点二)

要求：分组讨论该话题，并且以小组形式进行分享。

目的：鼓励学生改变思想，突破自我，迎接挑战，在团队中赢得他人的信任和尊重，向党学习。

4. 从理论到实践的展示：行业楷模谈体会(思政点三)

内容：机械工程学院实习基地优秀校友、行业楷模们对领导力提升的体会。

目的：增强学生的专业意识以及对书本知识理解的深化和升华，树立培养自己成为能够"担当民族复兴大任的时代新人"的信念。

(三) 课　后

1. 作　业

要求学生翻译企业员工晋升守则，并且分小组讨论晋升守则中蕴含的道理与课文作者观点的联系。

2. 目　的

深刻理解作者观点以及观点的实际应用，内化领导力提升的方法，增强专业意识和职业素养，进而树立培养自己成为能够"担当民族复兴大任的时代新人"的信念。

六、总结反思

(一) 成功之处

(1) 建构主义教学思想方法的渗透与应用贯穿了课程讲授的全过程。

从课程的结构到文章的结构及单词句式的讲解都用到了建构主义理论，将新知识纳入已有旧知识的框架中来，形成知识的链条，加深了记忆和理解。

(2) 思政案例与教学内容的有机融合。中国共产党的初心和使命赢得了人民的信任和尊重，也增强了其领导力。通过新冠肺炎疫情防控实例，既让学生领悟到了课文知识的重点，也让学生感受到了社会主义制度的优越性，增强了学生的民族自豪感，激发了学生的爱国主义情怀。

(3) 课程思政教育做到了从理论到实践的全方位展示——还有行业楷模谈体会。用视频展示机械工程学院实习基地优秀校友、行业楷模们对领导力提升的体会，增强了学生的专业意识以及对书本知识理解的深化和升华，使学生树立起培养自己成为能够"担当民族复兴大任的时代新人"的信念。

(二) 不足之处

(1) 在今后的教学中应该进一步践行以学生为中心的构建主义教学理念，熟练运用构建主义理论的各种教学法进一步提升自己的教学水平，激发学生的学习主动性和积极性。

(2) 应该进一步借助校企合作的桥梁，利用机械工程学院实习基地的优秀校友、行业楷模的资料，打造学生的专业意识，加深其对书本知识的理解，使思政教育与课程教学无痕融合。

案例二：中华传统文化教育

一、课程教学目标

知识目标：掌握主题、构图、中西结合等专业词汇的英语表达。

能力目标：用英语表达对艺术作品的评价。

素质目标：弘扬中国传统工艺艺术，对中西方工艺艺术文化差异兼收并蓄，进行改革创新。

二、思政育人目标

(1) 能够更好地发扬中国传统工艺，增强文化自信。

(2) 使学生在创作与设计艺术品的过程中，能够树立“中西结合、改革创新”的设计理念。

三、育人主题

中华传统文化教育。

四、案例设计

(一) 课 前

教师在“学习通”上上传关于梵高名作欣赏的预习资料，发布前置任务(词汇学习、课文阅读)。

(二) 课 中

从中国传统景泰蓝工艺花瓶的主题、构图、色彩三方面入手，比对中西方艺术作品在这三方面的差异，引导学生对中西方文化进行思考与讨论；结合身边的具体实例及我校艺术学院学生实习的需求，凝练出对待中西方文化差异的观点与态度——吸收、融合、创新、发扬，达到提升学生综合文化素养和人文思辨能力的目的。

(三) 课 后

作业与任务：巩固课堂知识。

五、组织实施

(一) 课 前

教师在“学习通”上上传关于梵高名作欣赏的预习资料，发布前置任务(词汇学习、课文阅读)。

(二) 课 中

1. 导 入

教师围绕核心语言知识点“art appreciation”从主题、构图、色彩等方面介绍画作《星月夜》及其艺术价值和成就。

活动：从中国传统景泰蓝工艺花瓶的主题、构图、色彩三方面入手，比对中西方艺术作品在这三方面的差异。

目的：从差异分析结果入手，引导学生对中西方文化进行思考与讨论；结合身边的具体实例及我校艺术学院学生实习的需求，凝练出对待中西方文化差异的观点与态度——吸收、融合、创新、发扬，达到提升学生综合文化素养和人文思辨能力的目的(思政点一)。

2. 课文学习

语言知识点：theme(主题)，composition(构图)，color(色彩)，element(元素)，evaluation(评价)等词汇。

句型学习：judgement(判断句型)，metaphor(比喻句型)，comparison(比较句型)等基本句型结构的学习。

文体学习：对文本材料进行解构，明晰说明文的写作方法；运用所学语言知识点与句型结构，对描述艺术作品的说明文进行重构，打造艺术作品说明的模板。

活动：用所学的语言知识点和句型结构描述景泰蓝壁炉。

目的：掌握说明文的写作方法，了解说明文的写作意义——每件事物都承载着丰富的文化信息。通过对景泰蓝壁炉艺术作品的描述，让学生学会讲好中国故事，传递中华文明(思政点二)。

(三) 课后：利用作业与任务巩固课堂知识

活动：对画作《向日葵》进行描述。

目的：巩固课堂知识。

六、总结反思

(1) 课程成功地进行了中西方文化的对比教学，引导学生思考中华传统文化的美妙并树立文化自信，将思政教育无痕融入课程教学，效果良好。

(2) 社会评价的引入：在课堂教学中，采用“递进的可视化任务驱动——双课并行的三级促成——校内外三方评价”设计，更加强调教学目标的可视性和递进性、促成环节的循序渐进以及评价环节的及时性和多维度。

(3) POA 的教学特点是“强调教学产出为目的，倒推进行教学设计”。教学实践中，在对艺术作品进行评价的环节，所涉及的专业概念、专业术语及其英语翻译要求精准，这对非艺术专业的教师和学生来说难度较大，因而还需要加强专业知识学习。

“军事理论”课程思政教学案例

课程名称：军事理论

学时/学分：16/2

课程类别：公共基础必修课程

适用专业：全校新生本专科专业

主讲教师：朱松梅、万林宾

双学科团队：朱松梅、宋屹东、万林宾、冯超超、马青

课程简介：

“军事理论”课程以习近平强军思想及关于教育的重要论述为遵循，全面贯彻党的教育方针、新时代军事战略方针和总体国家安全观，围绕立德树人根本任务和强军目标的根本要求，着眼践行社会主义核心价值观，以提升学生国防意识和军事素养为重点，为实施军民融合发展战略和建设国防后备力量服务。

通过“军事理论”课程的教学可以让学生了解军事基础知识，掌握基本军事技能；可强化工学类专业学生的动手能力，增强其国防观念、国家安全意识和忧患意识。“军事理论”课程与专业知识相结合，可提高学生专业课程的学习规划能力，弘扬爱国主义精神，传承红色基因，提高学生的综合国防素质，并增强其理性思维能力，使其能全面、客观地了解我国国防和军队建设。

案例一：信息化作战平台

一、课程教学目标

（1）熟悉世界主要国家信息化装备的发展情况，了解信息化装备发展趋势。

（2）了解信息化装备中与专业课程相近的科技发展水平和先进技术。

二、思政育人目标

（一）能力目标

（1）增强理性思维能力，全面、客观地看待热点问题。

（2）提高专业课程的学习规划能力。

（3）强化工学类专业学生的动手能力。

（二）情感目标

（1）以我国信息化装备建设取得的巨大成就，激发青年学生的爱国情怀，使其坚定中国特色社会主义的道路自信。

（2）激发学生科技报国的家国情怀和使命担当，为国防科研奠定人才基础。

三、育人主题

科技兴军，人才强军。在课程教学中，让学生深刻感受国防和军队建设中取得的科技成就，教育引导青年学生以科学精神和工匠精神投身国防。

四、案例设计

在课前先发布任务，让学生进行预习、熟悉教学内容，以提高学生的课堂参与度。在教学过程中，综合运用案例教学法、任务驱动法等教学方法，利用图片、视频、实物等多种形式开展教学，同时以“科技兴军”为课程思政主线，结合课程内容多角度选取案例进行思政融入。课堂教学中引导学生进行讨论，增加互动。课后发布作业任务，对课堂教学进行延伸，以便提高学生的动手能力。

五、组织实施

（一）课前任务

【教学内容】通过学习平台推送《2018 年中国南海海上阅兵式》《穿云破雾——海上阅兵纪实》视频，让学生观看并参与“你最想了解的海军装备”的调查。

【设计意图】通过观看海上阅兵的盛况，激发学生的爱国主义情感，拓展学生的知识面，提高课堂效率。组织问卷调查，了解学生的知识需求，提高学生的课堂参与度。

（二）课程开启，新课导入

【教学内容】教师公布课前调查的结果。

【设计意图】依据学生的知识需求进行课程讲授，凸显学生的课堂主体地位。

【教师讲授】同学们，课前大家观看了南海大阅兵和庆祝人民海军成立70周年阅兵的纪实片，并参与了我们的课程调查，现在我们看一看同学们的投票结果。我们看到，航空母舰排在第一位，我们今天的海上信息化作战平台就从航空母舰说起。航空母舰是以舰载机为主要作战武器的大型水面舰艇，它是海上作战能力最强的平台和最管用的威慑力量。

（三）讲授新知识点一：美国尼米兹级航空母舰、福特级航空母舰

【教学活动】案例引入：2021年2月9日，美国海军宣布，罗斯福号与尼米兹号两个航空母舰打击群当天在南海展开所谓“双航母”行动。

【设计意图】以时政热点引导学生关注时事、关注国防，增强青年学生的忧患意识。

【教师讲授】同学们，我们近期经常看到美国频繁派舰机进入我国周边海域活动的新闻报道。美军炫耀武力的举动，不利于地区局势的和平与稳定。这则新闻的两个主角罗斯福号航空母舰、尼米兹号航空母舰同属于尼米兹级，是美国海军目前的主力战舰，现有10艘。美军发动的历次局部战争，从伊拉克战争到科索沃战争，从阿富汗战争到军事打击利比亚、叙利亚，航母都冲锋在前，而且毫发无伤、所向披靡。罗斯福号航空母舰在“沙漠风暴”战役期间，平均每昼夜出动150架次的飞机，在一个多月的空袭中击毁或者重创伊拉克的数十个目标，却没有一架飞机战损；在阿富汗战争中创下了连续5个月没有在任何军港下锚，在海上持续航行作业153天的纪录。航母几乎成为大国动武或用武力威胁来解决问题的不二选择。福特级航空母舰是美国新一代的核动力航空母舰，它冠绝全球的科技硬实力体现在更加强劲的核动力装置、革命性的电磁弹射装置、高度集成的双波段雷达系统等。

（四）讲授新知识点二：中国山东舰、辽宁舰

教学活动一：教具（山东舰模型）展示十案例讲解。

【设计意图】通过教具模型的展示，增强学生对知识的直观感受，引导学生锻炼动手能力。通过对航母建造重要事件的分析，让学生感受中国航母建造的曲折历程和取得的伟大成就，激发学生的爱国情怀。

【教师讲授】航空母舰是维护国家核心利益、保障国家战略意图的强国利器，因而我们也在打造自己的航空母舰。在南海，2019年12月19日，第一艘国产航母山东舰在海南三亚某军港交付海军，正式入列，中国从此进入了双航母时代。我们来看一下中国航母发展史上的重要时间点：2005年，瓦良格号被拖进大连造船厂改造；

2012 年,辽宁舰正式交付海军;2013 年,山东舰开工建造;2018 年,新华社确认中国正在建造第三艘航母;2019 年 12 月,山东舰正式入列。短短十几年,我们不仅实现了从 0 到 1 再到 2 的飞跃,而且航母作战群也已经初步具备整体作战能力。中国的航母建造事业正以中国特有的方式和速度,承载民族复兴的伟大中国梦,砥砺前行。

教学活动二:案例教学+图片展示+分组讨论+随机提问

【设计意图】通过对中国、美国、俄罗斯三国海军装备发展进行对比,引导学生对我国海军装备建设发展的成就进行思考,锻炼学生的自主思辨能力;同时也在课程上起到承上启下的链接作用。

案例引入:2021 年 4 月 23 日,在人民海军成立 72 周年之际,海军三型主战舰艇——长征 18 号艇、大连舰、海南舰在三亚某军港集中交接入列。中共中央总书记、国家主席、中央军委主席习近平出席交接入列活动。

【教师讲授】我国航母建设发展的道路,也代表着中国海军装备建设发展的历程。我们来看一下不同时期中国、美国、俄罗斯的海军装备发展情况。可以看出,21 世纪以来,中国的海军建设有着惊人的发展速度。同学们可以思考一下是什么原因让中国的海军建设取得了这样的成就。

(学生回答范例 1:维护国家的核心利益需要建设强大海军。)

(学生回答范例 2:中国社会经济的飞速发展,提供了强劲的经济支撑。)

教师总结:同学们刚刚从多个角度对这个问题进行了分析和思考:总计起来就是需求+能力;同时,能在短时间内取得伟大的成就,更得益于制度的巨大优势。

(五)讲授新知识点三:俄罗斯库兹涅佐夫级航空母舰

【教师讲授】对比中国航母建设取得的成绩,俄罗斯的航母建设要滞后很多。库兹涅佐夫号航空母舰是俄罗斯唯一一艘现役航母,辽宁舰的前身就是该型航母的次舰——瓦良格号。

(六)讲授新知识点四:海上信息化作战平台的发展趋势

【教学活动】总结回顾+引导阐述+教师讲述。

【设计意图】通过课程的回顾总结,分析知识点之间的联系,加强学生对课程知识的系统性掌握。与课程思政、专业课程相结合,提高学生专业课程的学习规划能力,使其担负起科技报国的使命。

【教师讲授】同学们,我们从三个国家的航母发展情况可以看出,虽然我们取得了巨大的成绩,但是还有很长的道路要走。福特级航空母舰代表着现有航母的最高发展水平。未来的航母建设也将在新型的动力装置、新型的船体设计、新型的电子信息系统等方面不断创新发展。作为工学类专业的学生,我们应该聚焦科技发展,规划专业学习方向,肩负起科技报国、科技兴军的使命担当。

(七)课堂小结,作业布置

【教学活动】总结阐述+实践作业。

【课程作业】(1)短期作业:班级协作,搭建组装山东舰模型。

(2) 长期作业:动手制作军事装备模型,作为毕业纪念。

【教师总结】本堂课,我们对航空母舰进行了讲解,大家了解了代表性的航空母舰和航空母舰的发展趋势。为了使大家更好地理解本节课程的内容,锻炼大家的动手能力,老师给大家布置一个作业——班级同学共同把山东舰的模型重新拼装一遍,同时写下完成作业过程中的体会和感悟。另外一个长期作业是,希望大家打造一艘属于自己的航母作为毕业纪念。

六、总结反思

(一) 课程特点

(1) **结构性知识体系、课程逻辑严密。** 本课以“横向(中、美、俄三国航母发展对比)+纵向(中国航母发展历程)”的基本逻辑为设计思路,形成课程知识体系,架构系统,重点突出。

(2) **注重学生的知识需求,突出学生的主体地位。** 在整个教学过程中,设置了课程互动、小组讨论、案例分享、教具展示等多元任务,提高了学生的课堂参与度;坚持灌输性与启发性的统一,突出学生在课堂学习中的主体地位。

(二) 不足及改进措施

在军事理论教学过程中,课程内容的吸引力和教师的亲和力需要不断提高,学生主动性还有待进一步提高,学生的理性思辨能力还有待加强。

在今后的教学中,需要进一步深挖教学内容的广度和深度,将军事理论知识与专业知识结合,进行通俗化和趣味化加工,提高课程的吸引力。同时,采取师生共同备课的方式,提高学生在课程教学中的主体意识和感受。

案例二：中国古代军事思想

一、课程教学目标

（1）了解中国古代军事思想的内涵，掌握中国古代军事思想的形成、发展过程及主要内容。

（2）了解中国古代军事思想在军事文化中的重要价值和对现代战争的现实意义，体味先贤对军事和战争问题的理性认识和智慧结晶。

二、思政育人目标

（一）能力目标

（1）通过学习《孙子兵法》等军事著作，培养学生的辩证思维，使其注重事物的普遍联系、能动转化和循环发展，善于综合动态地把握事物。

（2）通过学习古代军事思想中讲仁爱、重民本、崇正义、尚和合、求大同的思想精华，引导学生不断完善道德品质，培育理想人格，提高思想道德修养、人文素质。

（二）情感目标

（1）通过学习古代先贤的军事思想，引导学生深刻理解中华民族优秀传统文化的思想精华和时代价值，厚植爱国主义情怀，传承中华文脉，富有中国心，饱含中国情。

（2）使学生汲取中国古代军事思想的智慧和力量，古为今用，增长见识，培养奋斗精神，提升自身的综合素质，坚定文化自信。

三、育人主题

汲取中国古代军事思想的智慧和力量，古为今用，坚定文化自信，培养学生的家国情怀。

四、案例设计

案例一：用一个成语“三令五申”作为课前导入，引出兵学鼻祖孙武训练吴王后宫佳丽的轶事，简述兵学圣典《孙子兵法》的地位和意义，举例说明《孙子兵法》一书所揭示的战争规律、所提供的战略战术，如“兵者，诡道也”“上兵伐谋，其次伐交，其次伐兵，其下攻城”“不战而屈人之兵，善之善者也”。

【设计意图】军事思想讲起来较为晦涩，需要通过事例让学生具象地感受到古人的智慧，认识到古人对军事和战争问题的理性认识有着较强的生命力和较广泛的适用性——并未因时代前进而完全失去其意义，相反还焕发出新的光彩，从而激发学生的民族自豪感和自信心，引导学生继承中华民族优秀传统文化，坚定文化自信和道路自信。

案例二：秦朝，它是中国历史上第一个中央集权制、大一统的帝国，雄厚的国力让秦国可以制造出当时世界上最好的武器。秦人的武器是按照标准化制造的，误差之小让人难以想象。在兵马俑坑的黄土中，考古人员发现了一把青铜剑，它的长度竟然超过了90厘米。秦人拥有一种步兵方阵，士兵手持7米长矛，将它端平，依靠它很长的优势来刺伤敌兵。秦朝的弩，射程比手枪还远，是当时世界上最精准的武器，它甚至还拥有一套自己的瞄准系统。

【设计意图】带领学生感受古人的智慧和中国国力的强大，增强民族自豪感和自信心。

五、组织实施

（一）课程导入

1. 问题导向型教学

问题1："三令五申是什么意思？你知道它的出处吗？"引发学生思考。

问题2："这个成语出自一个人，有人知道是谁吗？"激发学生的兴趣。

2. 讲述故事，激发兴趣

"三令五申"是关于兵学鼻祖孙武练兵的流传最广的一个成语。

孙武的好友伍子胥"七荐孙子"，使得吴王阖闾同意了接见孙武。吴王为了试试孙武的才能，从宫中选出180名女子让孙武训练。

孙武命令这些女子手拿长戟分成两队，并且让吴王最宠爱的两个妃子当队长。孙武对她们发布了行军指令，同时，他命令人准备了处罚用的刑具斧头，又再三重申之前的命令。

孙武喊："右！"女子们你看我，我看你，觉得好玩，根本就不服从孙武的命令。孙武说："由于我解释得不够明白，命令得不到执行，这是指挥官的责任。"于是就把前面的命令又详细地说了一遍。当他再次发出"左"的命令时，女子们还是笑着不动，吴王也觉得好笑。

这次孙武不再自责，他说："解释、交代得不清楚是将官的责任，交代清楚而不服从命令就是队长和士兵的过错。"于是命令左右把队长推出去砍头。吴王吓得大叫："等等，她们是我的爱妃，将军用兵的才能，我很明白，请不要杀她们。"

孙武回答道："将在军中，君王的命令可以不听从。"坚决把吴王的两个宠妃砍了头，并任命另外两个宫女做队长。女子们很害怕，当孙武再次发令时，她们都整齐认真地操练，不敢当作儿戏了。吴王也不得不佩服孙武的才能。

（二）课程开启

讲授知识点一：《孙子兵法》的地位和意义

【教师讲授】同学们，《孙子兵法》成书于春秋末期，是我国古代流传下来的最早、最完整、最著名的军事著作。它摆脱了具体战争史实的羁绊，把对战争规律和法则的辩证把握抽象为系统的军事理论，使之对战争实践更具普遍指导意义，因而流传久远、影响深远。作为华夏文明乃至世界文明中璀璨的瑰宝，《孙子兵法》不仅仅是一部军事著作，它更代表着炎黄子孙的智慧、思想、文化，是几千年华夏文明的结晶，是中华文明的智慧根基、源泉，是中华文化中的重要遗产。

同时，《孙子兵法》被翻译成了十几种文字，在世界各地广为流传，享有“兵学圣典”的美誉。美军柯基斯少将曾坦言：“美国的信息战理论的基础观点就来自中国的《孙子兵法》。”由是观之，我们完全有理由对中国古代传统军事文化保持应有的敬意和坚实的自信，从中汲取营养，并推进其创造性转化、创新性发展。

讲授知识点二：秦国冷兵器的威力

【教师讲授】同学们，从出土的兵马俑身上可以看到2000多年前秦国军队的磅礴气势。在冷兵器时代，战争的两大要素一是军队，二是兵器。在秦国统一六国的过程中，武器的胜出是必不可少的因素之一。秦国最厉害的武器是秦国制式弩，当时处于世界领先地位。秦国对生产兵器者采用了一种管理制度，名叫“物勒工名”，指器物的制造者要把自己的名字刻在器物上面，以方便管理者检验兵器的质量。通过这种方式，管理者可以很快找到生产这件兵器的人。在秦朝时期，法律会对失职者处以严酷的惩罚，“物勒工名”制度就是用来约束兵器制造者的。秦国正是以这种独特的思维方式和智慧，创造出了那个时代最强大的兵器制造业。

（三）课堂小结

通过本节课的学习，大家对古代军事思想有了初步了解。中国古代军事思想是对中国古代千百次王朝战争和大规模农民起义战争的经验总结。它是前人留下的宝贵军事遗产，也是中华民族灿烂文化遗产的一个重要部分。我们学习和研究古代军事思想，就是要继承和发扬中国古代优秀历史文化，从理论和实践层次上认识和思考现代战争，从而运用古代文化精华为现实斗争服务。

六、总结反思

(1) 优点：采用问题导向教学法可以激发学生的兴趣，顺利导入课程内容，调动学生的积极性。

(2) 不足：古代军事思想这一章的内容较为晦涩，学生接受起来存在一定的难度，且差异性明显；单纯地灌输知识点，缺乏师生互动，学生在课堂上容易分神。

（3）改进：在今后的课堂教学中要突出学生在课堂上的主体地位，鼓励学生多提问、多发言；同时，兼顾学生的差异性，以学定教，依据课堂情况及时调整教学方法和策略；将理论教学和实践教学相结合，在国防教育展厅里上军事课，让“军事理论”课程活起来；鼓励学生担任讲解员，在“做中学，学中做”，使学生最大限度地掌握教学内容，并内化为正确的国防观念。

“二维构成”课程思政教学案例

课程名称：二维构成
学时/学分：32/2
课程类别：学科基础必修课
适用专业：艺术设计学院大一本科专业
主讲教师：冯婕
双学科团队：王一哲、李慧、张彦军、李玟瑶

课程简介：

“二维构成”课程的内容主要包括平面构成和色彩构成两个部分，是河南工学院艺术设计学院大一本科学生的一门核心专业课程。

“二维构成”是研究如何创作形象，偏重高度强化理性分析和色彩组合原理的课程。通过本课程的学习，可使学生掌握设计的思维方法，提高认知能力和创新能力，不断获得基本的艺术知识技能以及艺术感知和欣赏、表现与创造、反思与评价、合作与交流等方面的艺术能力；使学生更加热爱生活，养成尊重、关怀、友爱、分享等优良品质，并塑造健全人格，使艺术能力和人文素养得到整合发展。

本次课程中不断穿插关于中国共产党党史的艺术作品，以增强学生对于富强、文明、和谐、爱国、友善的理解，培养学生树立正确的世界观、人生观、价值观，让学生真心认同社会主义制度的巨大优越性，深刻理解个人命运和国家命运的关系，感受改革开放以后国家所取得的伟大成就和发生的深刻变化。

案例一：色彩对比、调和

一、课程教学目标

（1）了解色彩对比类型。

（2）掌握色彩的基调对比关系。

（3）掌握色彩的组合搭配在应用中所遵循的规律。

（4）掌握色彩调和推移的方法。

二、思政育人目标

通过分析红色艺术作品中蕴含的色彩构成原理，帮助学生认知色彩属性，从不同角度引导学生理解艺术源于生活又高于生活的特点，逐步使学生运用自己喜爱的艺术手段反映生活和表现生活。引导学生运用基本的艺术技能，创造性地表达、交流自己的情感和思想。分析红色艺术作品的深刻文化内涵，帮助学生树立立足时代、扎根人民、深入生活的艺术观和创作观，引导学生增强“四个自信”。

三、育人主题

学习党史国史、坚定理想信念。

四、案例设计

（一）教学设计过程

通过运用情境式教学法，创建本章节所学情境，使学生提前理解专业知识，并思考色彩相似与对比问题。按照案例式教学法，教师准备好绘画作品，让学生带着问题进行学习：什么是色彩对比？什么是色彩调和？教师帮助学生进行分析并培养学生举一反三的能力。教师给出作品《五四运动》，让学生结合历史背景自主分析，并概括总结出色彩对比的类型、色彩调和和推移的方法。最后，带领学生总结色彩搭配组合应遵循的规律。

（二）课程知识点与思政的融入点

1. 学习构成的形式美法则

引导学生立足时代，扎根人民，深入生活，树立正确的艺术观和创作观。

2. 学习色彩对比、调和

通过分析作品的创作背景、形象元素、创作理念等，加深学生对中国精神的理解和认同。

教学方法：

(1) 情境式教学法：给学生创建本次任务的学习情境，根据本次课程所设定的主题，引导学生带着真实的任务进行学习。

(2) 协作式教学法：将学生分组，让其对特定图片的色彩进行讨论，促进其相互学习，共同提高。

(3) 案例式教学法：通过课堂讨论与合作分析，让学生自主对教师给定的作品进行整理归纳，讲述所发现的问题，总结相关经验。

五、组织实施

1. 课前任务

让学生准备好色相环，根据本章节的内容，设立一个情境，给学生讲述五四运动的历史背景及特殊性，并播放《美术经典中的党史》片段引导学生快速进入情境，让学生根据作品中的颜色在色相环中找出相似的颜色。

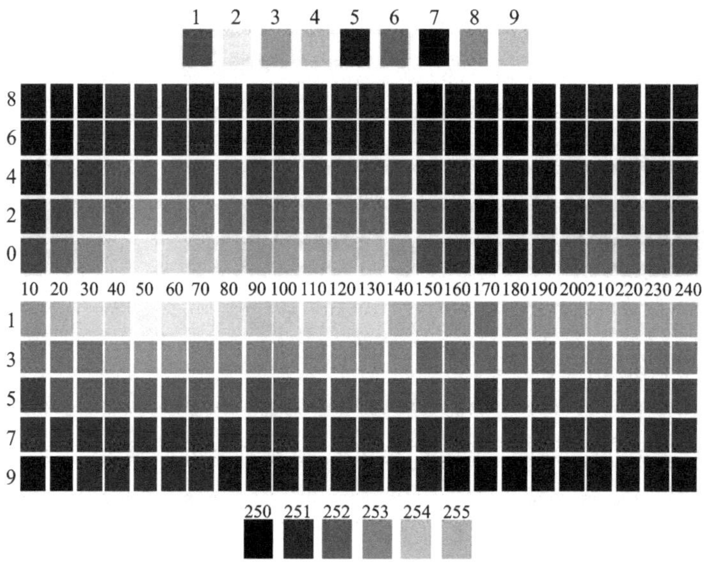

教学意图：通过创设情境，让学生迅速回忆之前学过的章节中的知识点，并尝试运用内化知识进行分析。

2. 课程导入

进行课堂分组，教师给出作品并提出问题："哪一组属于对比?""哪一组属于调和?""你能用自己的话进行总结概括吗?"

让学生找出作品中的相邻色和对比色，并根据所学知识自主进行分析，对照所画的色相环进行讨论学习，然后与授课教师交流心得体会进而引出重点知识。

教学意图：引导学生更深层次地了解本章节的内容。

3. 重点、难点概念讲解

对比又称对照。把质或量反差甚大的两个要素成功地配列于一起,使人感受到鲜明强烈的感触而仍具有统一感的现象称为对比。

调和:调和不是自然发生的,是人为的、有意识的合理配合。调和和对比是两个相反的因素。

对比关系主要通过色调的明暗冷暖,形状的大小粗细、长短、方圆,方向的垂直、水平、倾斜,数量的多少,距离的远近疏密,图案的虚实黑白轻重,形象态势的动静等多方面的因素来实现。

调和关系主要分为同种元素的组合、类似元素的组合、不同元素的组合。

教学意图:将定义与图片相结合,让学生更深入地了解复杂定义。

4. 拓展研究

教师以表现五四运动的作品为例,让学生自主分析作品的色彩运用。

问题1:寻找图片中哪些地方运用了对比关系并分析作品中运用的是哪方面的对比。

问题2:寻找图片中哪些地方运用了调和关系并分析作品中运用的是哪种调和关系。

问题3:在《五四运动》这幅作品中,运用对比与调和的意义是什么?

★ 思政融入点:通过分析作品的创作背景、形象元素、色彩等,帮助学生学习本章的重难点知识:在色彩对比中,色相对比、明度对比、纯度对比、面积对比会产生怎样的效果;在色彩调和中,单色调和与多色调和各会产生什么效果。通过作品分析加深学生对党、革命历史及理论的认识和对中国精神的理解。

《五四运动》(周令钊)

教学意图:让学生体会先辈们所创造的辉煌历史的伟大,激发其文化自信和民族自豪感,增强其爱国主义情怀。

5. 进行课堂总结并布置设计习作

(略)

六、总结反思

(一) 优　点

(1) 以五四运动这一特定主题为典型案例,激发学生的爱国主义情怀。爱国、进步、民主、科学是五四精神的实质,通过对色彩知识进行讲解可让学生在绘画中感受当代青年发展的精神力量。

(2) 将表现五四运动的作品与教学内容相结合,可帮助学生将创新运用到艺术作品创作中,不断让创新动力帮助学生拓展思维,发散想象。

(3) 基于案例的教学方法可以有效帮助学生在特定问题中进行思考和深入探索,并自主运用所学知识升华自身境界。

(二) 不足及改进措施

学生在自主学习及知识内化方面还需要专业引导,还不能熟练运用已有的工具搜寻及查找相关拓展知识。在之后的课程中,要不断开展学生思维训练,不断提升其自主分析问题的能力。在创作技巧方面,要多督促学生不断练习,不断帮助他们寻找适合自己的方法。

案例二：色彩的视觉心理效应

一、课程教学目标

（1）了解色彩的象征意义及色彩的通感。

（2）掌握色彩与心理的联想关系，并通过想象合理运用色彩。

二、思政育人目标

让学生学会运用色彩构成的视觉心理效应，借色彩规律来搭建家乡、祖国山川色彩要素间的关系，鼓励学生以饱满的热情探讨各个不同历史时期和各种不同文化的经典艺术，并通过欣赏、描述、解释、分析、反思等活动，创造出歌唱祖国、讴歌家乡的作品。

三、育人主题

培养家国情怀，努力建设祖国。

四、案例设计

（一）教学设计过程

利用课前给出的问题让学生思考色彩分类给人们带来的联想。提问学生色彩心理产生的原因，让学生根据教师所创造的特定情境归纳总结，并就此引出下一个知识点：如何将色彩联想运用在自己的作品中。结合不同时代的经典作品进行色彩分析，帮助学生进行作品创作。

（二）课程知识点与思政融入点

1. 色彩的视觉心理效应

指定创作主题“我和我的家乡”，让学生用色彩展现家乡的变化、表达对家乡的热爱，激发学生的家国情怀，帮助学生树立坚定的理想信念。

2. 色彩的联想

以反映革命战争时期、新中国建设时期、改革开放时期、新时代新时期的作品为例，通过分析作品的创作背景、形象元素、创作理念等，引导学生继承优良传统，厚植红色基因，激发学生的爱国情怀，使其树立建设祖国的远大理想。

教学方法：

（1）问题导向式教学法：教师在课前提出一个有关此次课程的问题，让学生们进行讨论。通过向学生解释教师所给定的具体问题，引导他们进行下一步研究，并构建出此次课程相关的理论框架。

（2）协作学习法：将学生分成几个讨论小组，以组为单位展开讨论，通过理念创新，展开对反映自己家乡特点的色彩的联想分析，在这个过程中使学生们相互学习，共同提高。

（3）联想学习法：运用接近联想、类似联想、对比联想帮助学生进行发散思维，让学生学会运用设计思维自主表现自己的想法。

五、组织实施

1. 课前任务

播放电影《我和我的家乡》的片段，全面分析电影中的五个故事是如何运用色彩来进行描述的，引导学生用色彩去描述家乡并进行讨论，帮助学生获得更多的对色彩视觉心理效应的认同感。

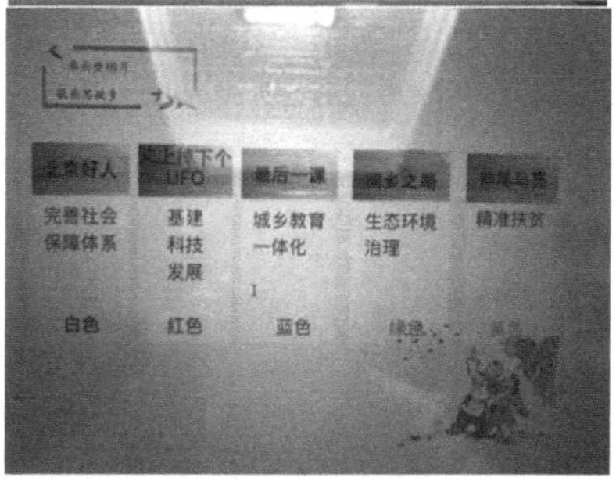

教学意图：通过分析电影片段，为本章节重难点知识的教学做好铺垫。

2. 概念导入

色彩心理的产生：色彩心理是客观世界的主观反映，不同的色彩给人不同的感觉。重点举例：作为一名设计师，一定要了解人在色彩的心理感知方面的共性。

色彩的心理效应：（1）直接心理效应：色彩的物理光刺激对人的生理产生的直接影响；（2）间接心理效应：由色彩的直接心理效应派生出来的更为复杂的心理效应。

给出关于家乡的优秀作品，让学生分组讨论不同颜色带来的不同感受。

教学意图：通过分析作品帮助学生更深入地理解概念。

★ 思政融入点：分析艺术家眼中的色彩画面，帮助学生构建展示自己家乡的色

《人民万岁·红旗渠通水庆典》(李成民)

《彩云归》(刘春龙)

《春山暖日和风，早上一起上学》(陈亮)

《无云》(王永昌)

彩画面，提升学生对家乡的自豪感。

3. 色彩的象征

通过对概念的讲解和对作品的分析，让学生自主讨论特定的色彩如何表达特定的内容。指出颜色分为冷色、暖色、中性色，让学生说出它们的代表色并举例说明其给人带来的感受。

暖色：红、橙、黄、棕，代表热情、亲密、柔和。

冷色：绿、青、蓝、紫，代表生机、凉爽、通透。

中性色：黑、白、灰，代表庄重、权威、纯真。

在学生讲述完之后，给学生讲授如何运用色彩来表达情感。

教学意图：使学生掌握色彩心理的运用。

4. 知识升华

教师通过选取不同时代的描绘祖国变化的作品，深入剖析艺术家如何使用色彩的心理效应进行自我情感表达，帮助学生理解知识点的运用。通过让学生绘制反映家乡特点的主题作品，探索色彩视觉心理效应的内涵，并逐步将其扩展到用色彩描绘对祖国的热爱。

《启航——中共一大会议》(何红舟、黄发祥)

《革命理想高于天》(沈尧伊)

《幸福渠》(刘文西)

教学意图：升华重点知识，不断激发学生创造性地运用色彩的能力。

★ 思政融入点：让学生深刻感悟个人命运与国家命运的关系，加深对家乡、对祖国的热爱，培养学生的家国情怀。

5. 创作探究

教师结合自己家乡的特点，用颜色进行分析，并给出范画，指导学生绘制讴歌家乡、国家的作品。

6. 总结知识点，布置课后习作

（略）

六、总结反思

（一）优　点

（1）通过对电影《我和我的家乡》中的五个故事进行分析，唤起学生对于家乡的热爱，启发学生运用色彩的联想去想象家乡独有的特色，家乡不断发展、变化，学生眼中的颜色也随之变化。学生从家乡的变化中感受国家的变化，从而激励学生将家国情怀融入个人奋斗之中，提升自己，建设家乡。

（2）通过对中国美术展中描绘家乡的优秀作品进行分析，让学生了解当下的艺术家是如何运用色彩进行表达的，帮助学生掌握联想方法。

（3）协作学习法有利于帮助学生提高合作分析能力及对知识的掌握程度，利于知识的内化。

（二）不足及改进措施

学生对于设计思维的方法运用得不够，还不能有效运用联想方法进行创作。在之后的课程讲解中，应多运用问题导向式教学方法，帮助学生构建设计思维的有效模式；在课堂上应给予学生更多时间进行联想创作，并从作品中发现问题，以便为之后的专业课学习打下基础。

“综合英语(1)”课程思政教学案例

课程名称：综合英语(1)
学时/学分：56/3.5
课程类别：专业基础必修课
适用专业：商务英语专业
主讲教师：陈修铭
双学科团队：任经辉、陈修铭、韩慧、袁瑞姣、张丽静

课程简介：

“综合英语(1)”是我校商务英语专业的一门基础必修课程；通过对精选的、规范的语言材料的讲解，系统地传授英语语音、语法、词汇、篇章结构等基础知识，综合训练学生的英语听、说、读、写、译等基本技能，着重培养学生实际应用语言的能力，增强学生的跨文化交际意识和交际能力，同时发展学生自主学习的能力，提高其综合文化素养，培养其人文精神和思辨能力，使其在学习、生活和未来的工作中能够恰当有效地使用英语。具体思政育人目标如下：

- 具有良好的学习习惯、自主学习能力及思辨能力；
- 具有宽广的国际视野、家国情怀以及跨文化交际能力；
- 通过对中西方文化的对比，增强学生的文化自信和制度自信；
- 提高学生用英语传播中国声音、讲好中国故事的能力；
- 具有良好的团队协作精神及组织协调能力，有正确的劳动观念。

案例一：语言中的性别歧视及如何正确使用性别中性语言

一、课程教学目标

(1) 掌握课文中的重点词汇及表达，理解课文大意。

(2) 能够正确使用性别中性语言，避免语言中的性别歧视，提高跨文化交际能力。

二、思政育人目标

(1) 帮助学生理解社会主义核心价值观中的"平等"的内涵，提升学生的平等意识，使其树立正确的价值观。

(2) 增强学生的制度自信。

三、育人主题

社会主义核心价值观教育。

四、案例设计

本案例采用任务型教学法，以学生为中心，设计出具体可操作的任务，学生通过合作、探究、表达、解释等各种语言活动形式来完成任务，以达到语言学习和价值引领相结合的目的。

教师课前围绕文章主题设计具体任务，发布学习任务清单。学生分组学习、探讨"学习通"平台上的相关阅读及视听材料，挖掘英、汉两种语言中存在的性别偏见现象，并准备在课堂上展示。课中，学生分组展示搜集的语言实例，教师点评并组织三方评价，即教师、组内及组间评价；随后开展课文学习，探讨如何避免语言使用中的性别歧视。课后，学生分组完成一篇题为 *Gender Bias in Our Life* 的作文，以巩固课堂学习的内容，加深对平等的认知和理解；通过观看"学习通"平台上的视频加深对"平等"的理解。

五、组织实施

(一) 课前准备

(1) 自主学习"学习通"8.1 章节的阅读及视听材料，包括视频 *Gendered language—Why words matter?* (性别化的语言——为什么措辞很重要?) *Gender-inclusive language* (中性语言)、*Sexism in the English language* (英语语言中的性别歧视)以及文章 *Berkeley council changes gender-specific terms in city code* (伯克利

市议会修改城市法规中的特定性别词汇）。

（2）学生分组学习、探讨这些背景知识材料，挖掘英汉两种语言中存在的性别偏见现象，并准备在课堂上展示。

目的：引导学生认识汉、英两种语言中存在的性别歧视现象。

（二）课中活动

1. 课文导入

活动1：

各小组填写语言中的性别偏见分析表并上传到“学习通”，教师随机挑选小组成员解释他们搜集到的例证。

目的：加深学生对语言中的性别偏见的认识和理解，引导学生思考如何避免语言中的性别歧视现象，提升其平等意识。

活动2：

针对“有无必要改造语言以避免语言中的性别偏见？”这一话题开展小组讨论，然后随机抽取小组成员说明赞同或是反对的原因。教师总结，语言不仅反映客观现实而且塑造社会现实，改变语言使用习惯可以消除歧视，实现男女平等。

结合单元话题引入社会主义核心价值观的中英文表达，探讨“平等”这一价值观念在中美两国抗疫工作中的体现，引导学生认识到我国社会主义制度的优越性并加深学生对社会主义核心价值观中的“平等”的理解。

例证：疫情期间，我国公民无论年龄、性别、贫富，一经确诊均免费治疗，全国上下齐心协力很快就控制住了疫情；而美国政府则不断甩锅卸责，导致疫情失控（引用《华盛顿邮报》上的文章进行论证）。这体现了我国社会主义制度的优越性，也体现了中国共产党在关键时刻强大的领导力。

目的：帮助学生理解社会主义核心价值观中的“平等”的内涵，增强其制度自信。

2. 课文学习

活动1：

通过在线测试来巩固课文中的核心词汇及社会主义核心价值观相关英语表达，如 prejudice，supremacy，equality，subservience，gender-inclusive。

目的：巩固重点词汇及表达，为后续活动做铺垫。

活动2：

通过快速浏览文章以及小组讨论，找到作者所提出的避免语言中的性别偏见的方法；教师拓展讲解课文中未提及的方法与策略。

例证：将 chairman，policeman，stewardess 分别改为 chairperson，police officer 和 flight attendant 就可以把男、女两个性别涵盖进来；使用第三人称代词复数（they）可以避免用 he/she，从而将两个性别包含进来。

目的：通过对课文的学习及教师的拓展讲解，增强学生对英语语言中存在的性别偏见现象的认识;使学生理解如何使用性别中性词以避免语言使用中的性别歧视,从而避免在未来的商务活动中因措辞不当而冒犯合作伙伴,提升跨文化交际能力。

(三) 课后巩固提升

活动:以“Gender Bias in Our Life”为题写一篇不少于150词的短文,要求采用problem-solution的写作方法。

目的:巩固课堂所学词汇及表达;深化对社会主义核心价值观中的“平等”的理解。

六、总结反思

学生通过自主探究发现问题,教师继而引导其探索如何解决问题。这一过程是隐性的课程思政教育,教育学生平等不只是在行动层面,还可以通过使用性别中性语言来增进平等。对疫情中社会平等问题的反思,进一步加深了学生对平等的认识。

该课程的授课对象为商务英语专业本科生,授课主要语言为英语,母语使用较少,部分学生因英语表达能力欠佳而无法更好地参与到讨论以及课堂展示活动之中。今后的教学中,可以根据话题难度,适当放松课堂语言使用限制,使更多的学生参与到活动中去,从而达到更好的教学和学习效果。

案例二：文化休克及说明文语篇分析技巧

一、课程教学目标

（1）掌握与文化休克主题相关的英语表达。

（2）掌握说明文语篇分析的技巧。

二、思政育人目标

（1）引导学生具备一定的文化意识和文化差异敏感性，进而增强学生对本土文化的认同感，坚定文化自信。

（2）引导学生思考并树立“各美其美，美人之美，美美与共”的正确文化价值观。

三、育人主题

文化价值观教育。

四、案例设计

本案例采用任务型教学法，以学生为中心，设计出具体可操作的任务，学生通过合作、探究、表达、解释等各种语言活动形式来完成任务，以达到语言学习和价值引领相结合的目的。

教师课前围绕文章主题词设计具体任务，发布学习任务清单。学生通过“学习通”抢答获取本组感兴趣的文化负载词，作为本组的文化体验探索任务。学生课前搜集资料，制作 PPT，准备课堂展示。课中教师精讲，驱动学生完成任务，学生开始展示文化体验探索成果、文化差异。学生在做中学，在提高语言技能的同时增强文化认同感。之后，教师引导学生对任务展示进行评价，并且在“学习通”上发布主题讨论，引导学生思考如何对待文化差异，应对文化休克。教师布置课后作业：学生自主阅读课文 B，并利用说明文语篇分析方法完成语篇分析；观看双语视频《如何改变文化偏见》，同伴合作完成口语练习：改变文化偏见的方法。布置课后作业的目的是巩固课堂所学知识，检测语篇分析技巧的掌握情况，让学生明白交流与谦逊才是处理文化差异和改变文化偏见的正确对策，提高其跨文化交际能力。

五、组织实施

（一）任务一

1. 任务导入（思政育人目标 1）

教师介绍核心词汇——文化休克（culture shock），引导学生进行头脑风暴，拓展对该词汇的理解。

活动：学生进行头脑风暴，利用5W+1H问题进行思维拓展，对主题词汇进行延伸，如文化休克的定义、原因、阶段、症状、影响、对策等。同时，激活相关主题词汇：culture shock(文化休克)，cultural difference(文化差异)，symptoms(症状)，phases(阶段)，countermeasure(对策)，cultural identity(文化认同)，cultural confidence(文化自信)等。

目的：引导学生具备文化差异意识，明白差异是造成文化冲击的主要原因，是不同文化在价值观、信仰、传统习俗等方面表现出的差异，进而增强跨文化理解。

2. 任务促成（思政育人目标2）

活动：分组展示课前任务，介绍中西方在动物词、颜色词、问候语、恭维语、待客之道等方面的差异。

目的：学生在做中学，在文化差异探索和展示的过程中习得语言知识，提高语言技能。引导学生深刻感受语言是思维的载体，充分认识英、汉两种语言的本质区别和文化差异，明确本土文化的身份，理解文化的多样性。

3. 任务评价（思政育人目标1和2）

活动：学生展示完成后，利用"学习通"平台开展师生共评及教师点评。同时，向学生发布主题讨论任务：文化有优劣之分吗？如何对待文化差异？如何应对文化冲击？学生利用"学习通"平台完成讨论。

目的：引导学生理解"和而不同，美美与共"的哲学思想，树立正确的文化价值观念；明确文化自信的重要性，树立文化认同感和自豪感；正确看待外来文化和本土文化，正确对待文化差异，了解如何在跨文化交流中避免文化差异造成的摩擦。

（二）任务二：阅读分析语篇

活动：在快速阅读后开展小组讨论，完成对语篇的分析，并绘制课文思维导图。

目的：掌握说明文的段落展开方法，从写作目的、所用人称、时态、语气、说明维度等方面对文本材料进行解构。了解本文的说明维度，即文化休克的定义、原因、症状、影响及对策。

六、总结反思

该教学设计具有以下优点：课前任务清单罗列清晰，分组任务内容及要求十分明确，可操作性强；任务的设计由易到难，层层深入，形成任务链；从学生的分组任务完成情况看，学生搜集的资料丰富，讲解清晰，课堂参与度高；语言技能与文化教学的结合比较自然、贴切，学生的文化身份得以建立，文化认同感得以加强。

不足之处在于小组任务的展示环节耗时较长，今后课堂展示时应择优进行或者分散进行，以保证课堂教学内容的完整性。

“信息技术创新”课程思政教学案例

课程名称：信息技术创新

学时/学分：32/2

课程类别：学科基础创新课

适用专业：全校各本科专业

主讲教师：刘丹、张茜、何朦凡

双学科团队：刘丹、李贵敏、孙冬、张茜、何朦凡

课程简介：

“信息技术创新”是面向应用型本科高校各专业的学科基础创新课程，旨在以学生发展为中心，培养学生利用信息技术融合专业知识解决实际问题的能力和创新思维，使学生掌握与云端自动化办公、数字媒体技术和信息前沿技术三大领域相关的知识，并将其与所学专业知识交叉融合应用；培养学生信息技术综合应用创新能力、实验探究能力、总结归纳能力及自学创新能力，使其达到熟练应用工具设计数据表单，快速进行数据分析与统计，能制作数字媒体资源、开发移动端软件的水平；同时，注重社会主义核心价值观的引领，促进学生形成正确的世界观、人生观和价值观，具备良好的沟通能力和团结协作、开拓创新精神，实现知识、能力、素质的有机融合。

案例一："我的大学"影视作品创作
知识点：手机微电影制作

一、课程教学目标

(1) 提升学生影视作品文案设计、素材拍摄、镜头剪辑以及团队合作能力，培养学生的艺术鉴赏力和艺术理性思考能力。

(2) 培养学生观察生活、审视生活的能力，激发其热爱生活的热情，提升其主观能动性和创造性。

二、思政育人目标

(1) 情感目标：教育引导学生挖掘和发现身边的美好事物，增强对母校的情感认同，提升文化认同感，坚定文化自信，培养学生的爱校爱国情怀。

(2) 价值目标：培养家国情怀和使命意识，坚定社会主义核心价值观信仰。

三、育人主题

爱校爱国。

四、案例设计

围绕立德树人的培养目标，课程选择以"我的大学"为创作方向，以学生创作的母校作品为案例载体，以提升学校美誉度为创作目标，充分发挥影视教育以情动人的独特优势，通过课堂各环节的设计将思政教育有效融入课堂教学中，引导学生思考影视创作的意义，将艺术培养与价值观教育有机结合起来，引导学生将个人发展与学校发展、国家未来结合起来。在课前预习环节，使用任务驱动法，让学生以小组合作的形式带着任务来学习，以此来提高其发现、分析、解决问题的能力和团队意识；课前，通过问题导学环节，引导学生认真思考创作主题，激发学生创作爱校题材作品的兴趣；课上，通过课堂讨论促使学生自主思考、分析问题，并结合互评和点评环节，提高学生的自信心；最后，通过教师的重难点讲解引导学生深入思考、获取知识要点。

五、组织实施

(一) 课前预习(知识积累)

(1) 在"学习通"平台发布课程预习视频和线上学习资源(见下图)。

(2) 布置预习作业。

(3) 让学生观看影视作品《文明河工》，阐述作品的创作思路。

5.4 任务1 项目任务——预习	1	✓	65%
5.5 任务2 课堂内容PPT		✓	
5.6 任务3 操作指导视频	3	✓	57%
5.7 任务4 课后项目任务		✓	
5.8 任务5 拓展学习资源（手机拍摄技巧篇）	8	✓	53%
5.9 任务6 拓展学习资源（剪辑小课堂）	11	✓	50%

通过课前预习环节，让学生提前了解影视创作的流程，熟悉有关拍摄和剪辑的基础知识。视频作品《文明河工》通过介绍学校连续三届获得“河南省文明单位”荣誉称号，并于2016年被授予“河南省文明单位标兵”荣誉称号等发展历程，启发学生的创作灵感，进一步激发学生的创作热情和爱校情感。

（二）问题导学（激发兴趣）

问题1：谈到“我的大学”，你最先想到的是什么？

问题2：什么创作题材和创作手法的影视作品最能吸引你的注意力？

结合预习任务，课前通过问题导学环节，引导学生认真思考创作短片主题，激发学生创作爱校题材作品的兴趣。

（三）课堂讨论（价值塑造）

课堂讨论话题：学生影视作品赏析。

讨论1：假设你是一位外校学生，哪部作品最能让你感受到河南工学院的魅力？

讨论2：指出最能引起你对学校情感认同的一个镜头，并分析其创作手法。

讨论3：以选票最高的一部作品为例，集体讨论作品的选题意义、创作手法，以及与另外三部作品的异同。

通过课堂讨论环节，让学生自主分析案例的镜头特点，通过对比，总结不同类型题材的影片创作的异同，同时从作品中感受到学校的发展和壮大，进一步深入了解学校的发展，激发学生的爱校爱国情怀。

（四）重难点分析（能力提升）

影视创作的重点在于拍摄选题的确定，但是多数学生将时间过多地集中在拍摄和剪辑环节，对于选题的思考和设计往往容易忽视。选题是一部影视作品的创作灵魂，没有好的选题就很难实现创作一部优秀影视作品的终极目标。

学生需要从以下三个方面思考并设计选题：

（1）选题的目的和意义：提升学校的社会形象，将学校的办学优势和特色展现给受众，提高学校的知名度，形成良好的宣传效应。

（2）选题的受众：不同类型的影视作品针对的受众群也不同，受众群的审美倾向和心理特点决定了选题的方向。

（3）选题的范围：此次创作主题——“我的大学”涵盖范围较广，包含教育教学、大学生活、活动风采、校园风光等多个方面，如何从中找准切入点，确定选题方向是关键。

影视创作的难点在于如何用镜头表现情感。拍摄和剪辑不仅仅是技术手段，更是情感表达的基础。无论是拍摄还是剪辑，都需要建立在情感的基础上进行。影像的魅力在于镜头内容以及镜头之间的情感连接，如何用镜头进行情感表达是影视创作的终极诉求。

以教师作品《河工之路》为例，从以下七个方面分析影片的拍摄和剪辑技巧：

(1) 文案设计技巧。

(2) 分镜头设计步骤。

(3) 背景音乐的选择。

(4) 手机拍摄注意事项。

(5) 镜头的剪辑技巧。

(6) 特效转场设计。

(7) 片头和片尾的重要性。

下图是《河工之路》中的镜头。

六、总结反思

(一) 优　点

课程注重设计，满足了学生创作高质量作品的学习需求。课程任务以小组合作的形式完成，增强了学生的团队合作能力。作品评价中增加组内和组间的互评环节，给学生提供了互相学习、共同提高的机会，进一步提升了学生的获得感。课程充分发挥了影视作品不说教、不枯燥、有思想、有创意、有深度的优势，从知识与能力、情感与态度、价值与立场三个维度，同步实现了价值塑造、能力培养和知识传授三位一体的教学目标，大大提高了育人效果。

(二) 存在的问题

由于作品创作难度较高,学生对于课程的重要性认识不足,投入的创作时间和精力有限,因而课后作品完成度不高。课程涉及不同专业的学生,很难完全契合每个专业的学生的特点。

(三) 改进措施

需要对课程内容进行进一步的有针对性的个性化调整。课后需要进一步加大创作指导和监督的力度,督促学生高质量完成对线上自学资源的学习。增设作品欣赏环节,集中所有学生观看、学习优秀作品,并让学生发表观点和看法,进一步提高其学习积极性和获得感。

案例二：智慧化党史主题移动 UI 设计
知识点：UI 界面设计

一、课程教学目标

(1) 讲授完整的 UI 设计流程与设计规范要点，希望以此提高学生的动手能力。

(2) 培养学生专业知识学习的严谨性与审美能力，使其熟悉 UI 界面的设计风格和设计原则。

(3) 将 UI 界面设计拆分为多个任务内容，要求学生按照要求分步骤完成各项学习任务，最终完成 UI 组件开发、动态交互，构建完整的 UI 设计界面。

二、思政育人目标

学习党史，厚植爱党爱国情怀，进一步坚定中国特色社会主义道路自信、理论自信、制度自信、文化自信。课堂将"立德树人"与"铸魂育人"有机结合起来，把党史学习教育融入专业课堂教学中(见下图)。

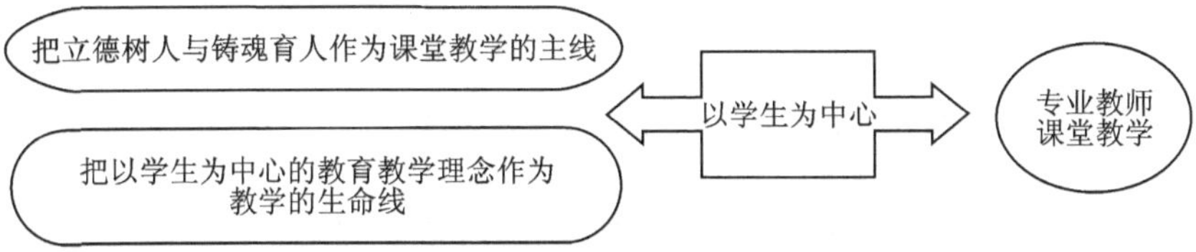

三、育人主题

爱党爱国情怀。

四、案例设计

1. 课程指导思想

牢固树立以习近平新时代中国特色社会主义思想为指导的第一原则，深入贯彻落实党的十九大精神，按照全国教育大会、新时代全国高等学校本科教育工作会议要求，做好铸魂育人、立德树人工作，把德育与思政教育和传承红色基因贯穿于课程的全过程教学中，培养德才兼备、德学兼修的社会主义建设者和接班人。

2. 课程总体思路

党史教科书移动模式 UI 设计过程中以学生为中心，创建"立德树人＋专业技能"的课堂育人目标，育德于教，将知识传授与铸魂育人有机结合起来，弘扬社会主义核心价值观。在 UI 界面的主题设计中有机融入红色资源，丰富创意内容，深化课程思政理念。在素材选择中融入社会主义核心价值观的相关内容，在动态交互中做到“课程与思政同向同行，形成协同效应”，设计开发组件既可以促进专业知识的学习，又可以引导大学生知党情、报党恩、跟党走，让大学生在刻苦钻研、攻坚克难中激发斗志、增强本领、提高素质，努力成为担当民族复兴大任的时代新人。

3. 课程总体框架

把课程思政教学设计作为关键核心工作，充分发挥课程思政的立德树人与铸魂育人作用，挖掘“课程蕴含的思想政治教育资源”，发挥课程独有的育人功能，使课程与思政形成协同育人效应。

五、组织实施

1. 教学内容

（1）UI设计的内涵及定义。

（2）熟悉UI界面的设计风格和设计原则。

（3）掌握软件的基本使用方法和界面概况。

（4）掌握原型设计软件的UI组件开发。

（5）掌握原型设计软件的状态切换和动态交互。

2. 教学方法

（1）启发式教学法：将思政内容巧妙融入课程教学中，创造合适的时机启发学生在理解课程内容的同时联想和理解育人的主题。

（2）案例式教学法：选取典型案例、材料，包括党史、新中国史、社会主义发展史教材，使学生树立正确的党史观，弘扬红色精神。

（3）探究式教学法：以问题解决为导向，将教学内容拆分为多个任务，使学生在求解问题的过程中感受到思政教育对自身的学习与成长的重要作用。

3. 教学形式

充分运用多种教学形式，使思政教育与课程教育有机统一，做到思政教育贯通课程教学的全过程。

（1）视频教学：在教学PPT中嵌入与UI设计原理内容紧密相关的德育与思政内容，帮助学生了解有关历史，激励学生奋发有为学好课程内容，培育学生的爱国情怀。

（2）图片教学：展示课程内容中孕育思政主题的图片，建立二者的紧密关联性，在学生头脑中形成关联性印象，拓展关联性思维。

（3）内容讲解：在课程教学内容的讲授中，做到讲解德育与思政内容相结合，实现教书与育人的内在统一。

（4）研讨交流：在翻转课堂等环节增加思想交流内容，给予学生阐述想法与观点的机会，增加师生间、生生间讨论蕴含思政内容的专业知识的机会。

4. 教学资源

(1)国家精品在线开放课程、泛雅教学平台课程资源、“学习强国”慕课资源。

(2)“信息技术创新”课程相关参考教材。

5. 课前预习

(1) 利用“学习通”发布预习任务,要求学生预习 UI 定义、Mockingbot 原型设计软件应用、UI 设计风格,了解党史相关知识。

(2) 在“学习通”上签到。

(3) 预习效果检测与提问:

① 在学习、了解 UI 设计界面之前首先要了解 UI 产品的两种主要形式——纯设计与项目设计。教师帮学生分析两种设计存在的利弊。

② 引导学生对所选取的党史知识进行正确的解读,使其树立正确的党史观,弘扬红色精神。

③ 选取 3 种不同类型的 UI 设计风格展开 UI 页面设计与分析。

6. 教学导入

首先告知学生具体的学习任务——演示设计好的主题界面设计,与学生共同探讨如何表现主题,这一环节为学生学习的主题设计内容开题;接着进行情境导入,利用视频展示视死如归的革命烈士、顽强奋斗的英雄人物、忘我奉献的先进模范的事迹,引导学生学习他们构筑起的中国共产党人的精神,鼓起迈进新征程、奋进新时代的精气神,将爱国主义情怀润物细无声地融入课堂中。

7. 分析任务与制作过程

首先,对任务进行初步分析,引导学生搜集素材、分组制作组件,并为学生讲授所有相关知识,这其中包括 UI 组件开发、动态交互和使用方法。教师要合理运用色彩搭配引导学生绘制手机 APP 主题内容。在任务制作过程中,教师要引导学生分组尝试进行创意设计。

其次,在任务再分析过程中,先邀请各组学生汇报本组的绘制成果,并结合成果分析学生创作过程中可能出现的各种问题;接着讲授界面设计中主题背景环境的营造技巧,例如对冷暖色调的应用及其技巧;然后,讲解所设计的组件。在点评过程中告知学生:如果要设计用户界面,必须对相关领域的知识有较为深入的了解,这样才能满足用户需求。要在 UI 设计过程中同时保留一定的图层样式轮廓,体现较高的透明度。在利用图层样式制作细节过程中要添加投影与高光效果,最后完成手机 APP 主题 UI 界面设计过程。

8. 分组讨论

在深入了解党史相关知识后,讨论在经费、时间、人员都比较有限的情况下,在我们设计制作一个党史主题移动 UI 的过程中,哪些流程可以适当简化,哪些流程又是必不可少的。

9. 课堂小结

对本节课的重点和难点进行总结，加深学生的印象，加强学习效果。

六、总结反思

（一）优　点

首先，本案例为学生营造了良好的课堂学习氛围。课堂上学生真正成为了教学主体，而教师则作为辅助者和引导者存在，这样的角色转换能够有效调动学生的主观能动性，提高学生的学习兴趣。

其次，非常注重对学生自主创新能力的培养，在UI设计过程中，教师不再给学生灌输知识，而是追求少教多学。项目提出后案例示范点到为止，主要还是让学生自己感受、体会案例项目设计的精妙之处，结合实践操作完善对信息的搜集、选择与应用过程，从而分析、解决问题，充分发挥自身的创造力与想象力，创造性地完成设计任务。

再次，注重对学生团队合作精神及能力的培养。UI设计教学是非常自由且开放的，教师可运用多种教法展开教学，目的就是让学生能够主动参与到学习活动中。因此基于分组展开的教学设计到位且精妙，学习目标、项目任务、案例示范内容也相当清晰明确，它们都能培养学生自主学习、分析问题、解决问题的能力，同时激励学生在协作过程中进行创新探索。

（二）存在的问题

进行UI界面设计不仅需要具备一定的审美能力和软件编程能力，而且还要了解艺术、美术等方面的相关理论知识，只有这样才能更好地凸显UI界面设计的艺术性特点。但大部分学生还缺乏基础设计能力，课后作品完成质量不高。

（三）改进措施

将设计竞赛类活动引入UI界面设计课堂，在教学设计实践中一方面培养学生的团队协作能力，另一方面帮助学生积累社会实践经验，为其将来的就业、发展奠定良好基础。

“大学英语(2)”课程思政教学案例

课程名称： 大学英语(2)

学时/学分： 48/3

课程类别： 通识教育课(公共基础)

适用专业： 2020级物流管理、商务经济、数据科学等全校文科、计算机类本科专业

主讲教师： 秦相、崔华娴、梁敏、张路路

双学科团队： 秦相、邢泽林、崔华娴、梁敏、张路路

课程简介：

“大学英语(2)”是我校2020级物流管理等本科专业学生必修的一门公共基础课。通过本课程的学习，可使学生熟练掌握基本阅读技能和语言基础知识，具备系统地组织和表达思想的能力，同时能利用阅读材料所提供的英语语言素材和相关主题知识提升综合应用语言的能力，提升适应社会的能力；可激发学生对中华文化的认同感，增强其文化自信心和民族自信心，以及在新时代背景下的创新意识和爱国情怀。

案例一：Unit 1　美国人能从儒家学到什么

一、课程教学目标

（1）培养学生有关中国文化特别是儒家思想方面的听、说、读、写、译技能。

（2）培养学生英译与传播中华思想文化术语特别是儒家思想术语的能力，引导学生传承、弘扬中华优秀传统文化，帮助学生在跨文化交际中讲好中国故事，塑造中国形象，增强文化自信。

（3）学生能够辩证地看待教材选文作者的观点，进行跨文化对比、批判性思维等高阶实训，既能够自觉传承、弘扬中华优秀传统文化，又能够学习国外优秀文化，还能够向世界传播中华优秀文化。

二、思政育人目标

（1）引导学生认识孔子所提倡的十种美德——仁、义、礼、智、信、忠、恕、孝、悌、廉，教育学生认真传承中华传统美德，努力成为一个好人、一名君子、一位淑女。

（2）引导学生挖掘中华优秀传统文化中所蕴含的“倡仁爱、重民本、守诚信、崇正义、尚和合、求大同”的时代价值观，增强学生的文化自信和价值观自信。

三、育人主题

文化自信、价值观自信、成为君子。

四、案例设计

以产出导向法为骨，任务教学法和交际法为肉，BOPPPS 法为筋，综合设计本案例，具体如下：

（一）课程导入（Bridge-in）

通过播放微课 “Confucius”让学生找到预设问题的答案。

通过微视频和问题，激发学生的学习兴趣，营造学习语言的环境，引导学生欣赏孔子的教育目标——培养君子，讲解君子所具备的“六德六行六艺”，激发学生成为君子、成为德智体美劳全面发展的社会主义建设者和接班人的动机。

（二）教学目标（Objective）

明确本节的知识目标、能力目标和育人目标。

（三）前测（Pre-assessment）

通过了解学生对“你对儒家文化的了解和理解”的回答情况，聚焦教学目标。

(四) 参与式学习(Participatory Learning)

针对文章中出现的若干个词,例如 harmony(和)、仁(Ren),和短语,让学生理解其概念,同时让学生体悟其在其他儒家经典名句中的体现,达到知识目标、能力目标和育人目标。

(五) 后测(Post-assessment)

通过“学习通”平台布置各项口语和书面作业,验收学习成果,检测目标达成度。

(六) 总结(Summary)

通过总结主题词、知识点的方式,回顾本节的重难点,引导学生思考自己将来要成为一个什么样的人。

五、组织实施

(一) 课程导入(Bridge-in)

1. 问题导向型教学

Q1:片中介绍的是谁?

Q2:孔子提倡哪些美德?

Q3:孔子希望学生成为什么样的人?

片中介绍的是 Confucius(Kongzi),他提倡十种美德:Ren(仁),Yi(义),Li(礼),Zhi(智),Xin(信),Zhong(忠),Shu(恕),Xiao(孝),Ti(悌),Lian(廉)。

孔子希望学生能成为具备“六德六行六艺”的君子。

(二) 教学目标(Objective)

1. 知识目标

(1) 阅读知识:浏览标题与段首句,获取文章的主旨与结构,理解复杂概念的诠释方式,理解并识别平行结构。

(2) 词汇拓展:提炼和拓展描述儒家思想的英语表达,掌握一些涉及儒家哲学的中华思想文化术语的英语翻译。

2. 能力目标

(1) 培养学生有关中国文化特别是儒家思想方面的听、说、读、写、译技能。

(2) 培养学生英译与传播中华思想文化术语特别是儒家思想术语的能力,引导学生传承、弘扬中华优秀传统文化,帮助学生在跨文化交际中讲好中国故事,塑造中国形象。

3. 育人目标

(1) 引导学生认识孔子所提倡的十种美德——仁、义、礼、智、信、忠、恕、孝、悌、廉,教育学生认真传承中华传统美德,努力成为一个好人、一名君子、一位淑女。

(2) 引导学生挖掘中华优秀传统文化中所蕴含的“倡仁爱、重民本、守诚信、崇正义、尚和合、求大同”的时代价值观,增强学生的文化自信和价值观自信。

(三) 前测(Pre-assessment)

在“学习通”上发布讨论主题:“你对儒家文化的了解和理解”(中英文均可,提倡用英文)。

(四) 参与式学习(Participatory Learning)

1. 语言 Language Focus

① harmony: pair work 汉译英练习。

君子和而不同,小人同而不和。

天时不如地利,地利不如人和。

唯愿山河锦绣,国泰民安。

唯愿和顺致祥,幸福美满。

② restraint: pair work 汉译英练习。

克己复礼为仁。一日克己复礼,天下归仁焉。为仁由己,而由人乎哉?

③ to live simply and humbly: pair work 汉译英练习。

君子泰而不骄,小人骄而不泰。

历览前贤国与家,成由勤俭破由奢。

④ subordinate private needs to public goods: pair work 汉译英练习。

“集体主义”的讨论与表达:

a. 中国的伟大抗疫精神是什么?

b. 谁是应该受表彰的抗疫英雄?

2. 平行结构

pair work 练习设计:

① 找出课文中的 4 个平行结构。

② 英译含有平行结构的孔子名言:

a. 富与贵,是人之所欲也,不以其道得之,不处也;贫与贱,是人之所恶也,不以其道去之,不去也。(《论语·子张》)

b. 非礼勿视,非礼勿听,非礼勿言,非礼勿动。(《论语·颜渊》)

选择学生代表分享译文,教师点评,然后要求学生诵读原文与译文。

(五) 后测(Post-assessment)

口语作业(“学习通”平台):诵读文章中的儒家名句。

书面作业(“学习通”平台):找出英语文章“Xi: China does its best to aid global fight against COVID-19”中的平行结构。

(六) 总结(Summary)

孔子是中国古代思想家、政治家、教育家,儒家学派创始人,其思想对中国和世界都有深远的影响,仁、义、礼、智、信是儒家思想的核心。在我们建设伟大的社会主义国家的征程中和铸就中国梦的道路上,儒家思想依然是我们的思想基石、营养源泉。作为一名青年,有责任,有义务继承中华民族的优秀思想,并将其发扬光大。

六、总结反思

(一) 优　点

(1) 本次课程能充分利用线上线下模式开展教学,对混合式教学法进行了有益的尝试。

(2) 课程设计体现了以学生为中心的教学理念,学生的获得感较强。

(3) 容量饱满,学生的知识学习充盈。

(4) 内容具有高阶性、时代性。

(二) 不足及改进措施

(1) 有部分学生不能按时完成老师布置的线上学习任务,导致课堂学习效果不好。老师需要对这部分学生加强监管和约束。

(2) 学生的听力和口语表达能力较弱,在视频观看和听力训练环节有学习障碍,学生希望在视频学习和口语输出过程中有老师的指导。

案例二：智慧城市相关关键词及中国科技成就的英文表达

一、课程教学目标

（1）知识目标：掌握相关英语关键表达式，更好地理解构建智慧城市的方法。
（2）能力目标：提高听说能力，掌握听细节的技能。
（3）素质目标：了解中国的科技成就，培养学生的科技兴国、科技强国意识。

二、思政育人目标

（1）加深对习近平总书记构建科技强国的认识。
（2）深刻认识中国先进科技的影响，增强民族自信心和自豪感。

三、育人主题

科技兴国教育。

四、案例设计

以产出导向法为指导，结合任务教学法和交际法，综合设计本案例，具体如下：

（一）课程导入

通过微课、音频、视频等相关资源学习核心概念、背景知识（smart city），使同学们注意到智能科技对生活的影响以及中国在智能科技方面取得的卓越成就。

（二）教学目标

明确本节的知识目标、能力目标和素质目标。

（三）课前准备

在“学习通”平台发布任务单，通过微课、音频、视频等相关资源学习核心概念、背景知识，让学生预测课堂所学内容，鼓励学生预习后提出问题，然后带着问题听课。

（四）课中学习

课中通过小组讨论、自主探究和合作学习等形式进行解惑，并精心设置教学互动环节，通过随机提问、“学习通”测验、Microsoft Forms 表单测验等方式，实时掌握学生听课的情况及学习效果。

（五）课后复习

课后通过在“学习通”上发布讨论任务、布置和批改作业、关注平台上的学生在线学习数据等方式，及时掌握学生的学习效果。

五、组织实施

(一) 课前准备

资料:学习通视频 *What Is a Smart City*

发布自主学习任务单:视频重点信息提炼总结;核心词汇(Smart City)理解;背景知识(世界智慧城市建设概况等)。

目的:引导学生对所学内容进行提前预习。学生分小组合作探究,搜集资料,展开讨论,做好上课准备。

具体课堂实施步骤:

1. 话题导入

方式:提问讨论。

问题:When was the last time you used cash in daily life?

When was the last time you hailed a cab with your arm instead of an APP?

目的:引导学生关注智慧科技给生活带来的变化;引入智慧城市核心概念。

2. 听力练习部分

听录音,运用听力技巧(听细节)做听写练习。

3. 口语输出阶段

提出要讨论的问题: Which one of the three projects mentioned in the above passage might prove most useful in life? Why? 学生分小组合作探讨并自由发言,与班里同学分享交流。

4. 话题拓展

方式: 观看新闻:长沙加速布局新型智慧城市建设;第四届数字中国峰会在福州举行。

目的: 关注中国智慧城市建设,体会智慧科技和智能生活在中国的体现。引出习近平总书记对科学技术和国家命运、人民福祉的论述,加强学生建设科技强国的意识(思政点 1)。

方式: 观看视频: *Smart Technology, Smart Life in China*

目的: 引导学生关注到中国在科技方面取得的巨大成就,增强其民族自信心和自豪感(思政点 2)。

5. 作业布置提升

方式:听力练习

作业 1

资料:视频《上海着力推进智慧城市建设》,问题:Which aspects of smart life are

shown in the video? 根据问题写下关键信息。

目的：进一步练习相关听力技能。

作业2

资料：视频(电影《Wall－E》片段)，思考智能科技如何更好地服务于人类。

目的：提高学生的思辨能力。

六、总结反思

(1) 教学过程中学生们学习积极性高，能够按照要求完成各项学习任务，达到了教学要求。

(2) 采用线上线下混合式教学，将“学习通”和课堂讲解有机结合，充分发挥各种方式的优势。

(3) 教师要做到充分了解学生的英语基础，根据学情设计各个教学环节，突出学生的学习主体地位。另外，在课程思政的融入上要讲究方式方法，尽量慢慢切入融合，避免生硬。

“大学体育(2)——羽毛球”课程思政教学案例

课程名称：大学体育(2)——羽毛球
学时/学分：36/1
课程类别：通识教育必修课
适用专业：全校所有本科专业
主讲教师：王党生
双学科团队：李贵敏、王党生、陈超、路来冰、田子彬

课程简介：

“大学体育(2)——羽毛球”课是面向我校本科学生开设的以练习为主要手段，通过合理的体育教育和科学的体育锻炼过程，达到增强体质、增进健康和提高体育素养的目标的通识教育必修课。通过本课程的学习，可使学生熟练掌握羽毛球运动的场地要求以及竞赛规则，基本理论知识，基本技术、技能及战术，从而树立规则意识，增强文化自信，激发爱国情怀，传播、弘扬中华优秀传统文化以及社会主义核心价值观，还可使学生感受到乐趣、增强体质、健全人格、锤炼意志。

案例一：羽毛球运动概述：起源、发展、场地及竞赛规则

一、课程教学目标

（1）了解羽毛球运动的起源、重要组织、重要赛事以及在中国的振兴。

（2）掌握羽毛球场地规则和竞赛规则。

二、思政育人目标

（1）学习羽坛教父王文教、汤仙虎等人的家国情怀，将理想信念融入课堂，扣好人生“第一粒扣子”。

（2）培养学生的规则意识、创新意识，引导学生认识到我国在很多领域已逐渐由规则的追随者向制定者转变，时代要求我们“守规矩，善创新”。

三、育人主题

家国情怀、规则意识。

四、案例设计

本案例中的主要思政元素有两处，第一个思政元素是原国家羽毛球队总教练王文教的事迹。该元素与课程目标紧密联系，因而围绕羽毛球运动在中国的振兴历程进行教学设计。在课程的第四部分，首先播放 2019 年 9 月 17 日王文教获得“人民楷模”国家荣誉称号的图片资料，播放的同时讲述羽毛球运动在 1918 年左右传入我国，在中华人民共和国成立以前，我国从未开展过全国性羽毛球比赛。在 1952 年毛主席提出“发展体育运动，增强人民体质”的口号后，羽毛球运动才得到快速发展。正是在这个历史时期，以王文教为代表的一批归国华侨成为中国羽毛球的拓荒者和加速器。然后结合王文教、汤仙虎的事迹（叙述、视频）以及如何恢复我国羽毛球在国际组织中的合法席位，讲述我国羽毛球运动的两个黄金发展时期。让学生既了解了羽毛球在中国的振兴之路，又学习了羽坛前辈的家国情怀。第二个思政元素是规则意识。在课程的第二部分，首先讲羽毛球运动的起源“badminton”的故事。正所谓“没有规矩不能成方圆”，正是因为有了统一的羽毛球比赛规则，才使这项运动有可能登上世界的舞台。在此进行设问思考：英国的伯明顿和印度的浦那都有羽毛球运动的雏形及规则，但为什么英国的伯明顿而不是印度的浦那被认为是现代羽毛球的诞生地？然后通过简要分析，说明这与羽毛球规则的制定和国家影响力相关，进而结合当前我国经济的快速发展、综合国力的增强，以及我国在某些领域已经由规则追随者变为制定者，指出新时代青年要“守规则，善创新”。

五、组织实施

1. 课堂导入

师生问好,以设问“我们为什么相聚于此?”或“今天我们因相同的爱好相聚于此”开讲。联想到兴趣爱好,举出张岱“人无癖,不可与之交”的例子,以中国古代的交友文化以及教师的观点,引导学生尊重自己的兴趣,端正学习态度。

2. 羽毛球运动的特点及价值

羽毛球运动是一项老少皆宜的运动,无论是比赛中还是一般性健身活动中,都需要全身各个部位参与运动。在当今信息社会,久坐电脑前的人们适量参与羽毛球运动,可有效改善腰椎、颈椎的健康状况。羽毛球技术千变万化,除了有丰富的自娱性外,还有很高的观赏性:如猛虎下山的上网技术,蛟龙出水一样的跳起击球,身如满弓的扣杀,犀牛望月似的抢扑救球,进攻时似高屋建瓴、势如破竹,防守时的绵绵细雨、固若金汤。羽毛球运动的健身效率较高,通常 40～50 分钟即可达到强身健体的效果;长期从事羽毛球运动可培养顽强的意志品质和坚定的信念,可使思维敏捷,培养短时间做出决策的能力。通过以上内容可使学生了解羽毛球运动在增强体质、增进健康、助力事业发展方面所发挥的作用。

3. 羽毛球运动概述(起源、相关组织、顶级赛事)

通过图片及文字说明关于羽毛球运动的起源众说纷纭。“badminton”的故事——通过设问羽毛球运动的起源:为什么英国的伯明顿而不是印度的浦那被认为是现代羽毛球的诞生地? 引导学生认识到随着经济的快速发展、综合国力的增强、国际地位的提升,我国在某些领域已经由规则遵循者向制定者和引领者转变,新时代要求广大青年要“守规则,善创新”。然后简要介绍羽毛球世界性组织(国际羽联、世界羽联)、羽毛球运动入选奥运会项目这一重要事件、羽毛球相关顶级赛事。通过对上述内容的讲解,使学生整体了解羽毛球运动的起源、发展、相关组织、赛事等基本知识。

4. 羽毛球运动在中国的振兴之路

羽毛球运动大约在 1918 年左右传入我国。在中华人民共和国成立之前,我国从未举办过全国性比赛。在 1952 年毛主席就提出“发展体育运动,增强人民体质”的口号后,羽毛球运动才得到较快发展。讲述王文教在这一时期怀着赤子之心,毅然放弃在印尼的优越生活和荣誉地位,告别在印尼的亲人,回到了祖国,成为中国羽毛球事业的拓荒者。经过 10 年的努力,1963—1964 年与印尼的两次交流赛,1965 年与丹麦的友谊赛中,他带领中国羽毛球队实现了从零到无冕之王的飞跃;国际羽联与世界羽联进行斗争,恢复了我国羽毛球在国际组织中的合法席位。从中国羽毛球陷入低谷到再次辉煌方面讲授羽毛球运动在我国的振兴历程,将老一辈如王文教、汤仙虎等人的爱国主义情怀、理想信念融入课堂。

5. 第四部分：羽毛球场地规则以及竞赛规则

利用场地图讲解羽毛球场地，学生须主要掌握 4 个区域：单打场地、单打发球区、双打场地、双打发球区。通过一场比赛的完整流程讲解竞赛规则。

6. 羽毛球课堂教学要求及作业

讲授羽毛球教学中对服装、球鞋、球拍、羽毛球的要求。

布置作业：

(1) 在百度百科中搜索“羽毛球”，并认真阅读搜索结果。

(2) 认真观看一场羽毛球单打比赛。

要求：① 注意接发球队员的站位；

② 注意每个球是在哪个半区发出的；

③ 注意运动员的脚步；

④ 注意运动员的击球动作和球的落点；

⑤ 注意有几名裁判员，他们都做了些什么；

⑥ 比赛结束时双方运动员的礼节。

六、总结反思

将王文教、汤仙虎等人的先进事迹素材与中国羽毛球振兴历程结合起来讲，能使学生深切地感受到爱国主义情怀以及理想信念对人生观、价值观，甚至对一项运动的历史的影响，引导广大学生“守规矩、善创新”，而这正是新时代对广大青年的要求。

案例二：发球话诗词——正手发高远球技术

一、课程教学目标

(1) 学生基本掌握正手发高远球技术动作要领。

(2) 提升学生脚步的灵活性、动作协调性和灵敏性。

二、思政育人目标

传承、弘扬中国诗词文化，加强学生的文化自信。

三、育人主题

文化自信。

四、案例设计

本课主要采用课堂示范讲解法、分解整体练习法、纠错法授课。教学内容设计由五部分组成：

(1) 开始部分：集合、师生问好、检查服装、安排见习生、安全教育。

(2) 准备部分：热身活动。

(3) 基本部分：学习羽毛球正手发高远球技术。

(4) 结束部分：放松、归还器材。

(5) 布置课后作业。

中国诗词文化博大精深、源远流长，是我国文化艺苑中经久不衰的瑰宝。它就如夏日的繁星，闪烁着夺目的光彩，又如春日的百花，散发着馥郁的芳香。经典诗词孕育了深厚的民族文化底蕴。在羽毛球高远球技术动作讲解中，将羽毛球持球动作(类似举杯动作)用古典诗句“对酒当歌，人生几何”“举杯邀明月，对影成三人”“相逢意气为君饮，系马高楼垂柳边”生动形象地展示出来，不仅有助于学生掌握持球动作，同时也传承、弘扬了中国诗词文化，增强了学生的文化自信。

五、组织实施

1. 开始部分

(1) 体育委员集合整队、报告人数。

(2) 师生问好，宣布本次课的教学任务及要求。

(3) 检查服装，安排见习生。

(4) 安全教育。

2. 准备部分

(1) 慢跑800米。

(2) 徒手操:扩胸,振臂、俯背,体侧,弓、仆步压腿等。

3. 基本部分

(1) 步伐练习:左右分腿跳、前后分腿跳、原地前前后后跳、原地交叉跳、原地快速高抬腿。

(2) 集合后示范讲解正手发高远球。首先完整示范,然后进行分解示范讲解,运用精炼准确的语言分别讲解准备动作(在持球动作部分融入思政内容——诗词文化)、引拍动作、挥拍动作、随挥动作四个分解动作。

(3) 教师带领学生集中练习徒手动作。

(4) 教师教授正手发高远球的练习方法,提出课堂练习要求。

(5) 教师巡视纠错(集中纠错、个别纠错)。

(6) 小结。

六、总结反思

本案例课程思政教学的优点或成功之处在于:通过讲解羽毛球持球技术动作,既纠正了捏球毛的错误习惯,又结合脍炙人口的诗词传承了中国博大精深的诗词文化,增强了文化自信。学生学习效果很好。

存在的不足以及改进措施:正手发高远球的准备动作、随挥动作均有关联的诗词,但对击球动作还需找到更合适、精准的诗词语言来描述。

“经济法”课程思政教学案例

课程名称： 经济法

学时/学分： 32/2

课程类别： 学科基础必修课程

适用专业： 财务管理、物流管理专业

主讲教师： 丁海波

双学科团队： 丁海波、李慧芳、张宏东、成永军、秦增起、周翊洁、冷万豪

课程简介：

《经济法》是以马列主义、毛泽东思想、邓小平理论、“三个代表”重要思想、科学发展观以及习近平新时代中国特色社会主义思想等为指导的经济领域的重要法律，也是我校财务管理和物流管理专业本科学生的学科基础必修课程。通过本课程的教学，可使学生懂得经济法的基本理论知识，掌握我国公司法、合同法、税法、票据法、知识产权法、反不正当竞争法等主要经济领域法律、法规的具体规定，具备能够运用所掌握的经济法知识，在以后的工作中规避法律风险、解决法律纠纷的能力；也可使学生具备基本的法律素养，了解相关专业和行业领域的国家战略、法律法规和相关政策；还可以引导学生深入社会实践、关注现实问题，培育学生经世济民、诚信服务、德法兼修的职业素养，使其树立正确的人生观和价值观，增强社会主义法治信仰。

案例一：专利的申请、授权及保护

一、课程教学目标

（1）理解专利先申请原则。

（2）掌握发明和使用新型专利的新颖性、创造性和实用性概念。

（3）了解设置专利权期限的意义、专利无效的概念、专利的保护方式。

二、思政育人目标

（1）培养学生的爱国情怀，让学生认识到祖国的强大。

（2）提升学生的政治觉悟，让学生认识到我国国家制度的优越性。

（3）让学生认识到作为一个中国人的幸运。

三、育人主题

爱国情怀、社会主义制度的优越性。

四、案例设计

本节课运用案例教学法，可使学生理解专利先申请原则，掌握专利的新颖性、创造性、实用性的概念，了解专利权期限设置的意义及专利无效的概念、专利保护方式，讲授中使用“雨课堂”与学生进行互动。

爱国主义教育和社会主义制度优越性教育在“经济法”课程的教学中是潜移默化、润物无声地进行的，力求做到既能将思政育人主题体现出来，又不影响专业课教学主线。本节课是借助陈薇15人团队新冠疫苗研制、专利申请这个案例来实现隐含教学目标，结合该案例讲解专业课的知识点，反复敲击学生心灵，既让学生学习专利的法律知识，又燃起学生的爱国主义热情，从而让思政教育无痕地、自然地融入专业课教学中。本节课教学过程中采用“雨课堂”等辅助手段，充分调动学生的学习热情，实现课堂从以教师讲授为主到以学生为中心的转变。

五、组织实施

（1）课前引入问题：如何使国家的科研成果又多又快？是多投入资金、多发奖状吗？通过引入问题讲解专利的概念及作用。林肯曾说过：“专利制度就是给天才之火浇上利益之油。”知识产权是人才创新智力成果最科学、最完整、最核心的体现，知识产权制度是保障创新者权益、激发创新创造活力、促进创新人才成长和发展的基本制度，专利制度可以有效地激发创新热情，产生更多更好的科研成果。

(2) 以陈薇团队研发新冠肺炎疫苗并获得专利权为例，讲授新冠肺炎疫苗专利权的发明人是陈薇等15人，专利权人是中国人民解放军军事科学院（简称军科院）、康诺西公司，从而使学生明确专利权人与发明人、设计人的区别，即专利权人是专利的权利人，而发明人是为该专利的技术方案做出实质性贡献的主体，专利权人和发明人、设计人可以重合，也可以不同，单位只可以做专利的权利人而不可以做专利的发明人、设计人，自然人既可以是专利权人又可以是发明人、设计人。

(3) 提问：陈薇团队为研发新冠肺炎疫苗付出了极大的人力、物力、财力，那么应该如何保护研发的研究成果呢？从而使学生理解专利先申请原则、申请专利的作用，并了解专利权包含独占权、许可权、转让权、标示权和署名权这5项权利。在讲许可权时，以陈薇团队研发的新冠肺炎疫苗为例，专利权人军科院、康诺西公司可以允许外国公司生产该疫苗，但要签订专利许可合同。加入思政元素即我们国家不仅迅速控制住了疫情，还较快地研发出了新冠肺炎疫苗并获得了专利，激发学生的爱国情怀，使其认识到社会主义制度的优越性。

(4) 授予专利权的条件是新颖性、创造性和实用性。本部分的重点在于对创造性和实用性的理解。在讲授创造性时，组织学生进行分组讨论：假如不设定授予专利权的条件，那么在专利审查中会出现什么问题？教师在学生完成分组讨论后，进行点评，使学生明白设定“创造性”这一审查标准是为了防止授权的专利过多过烂，即专利授权条件要满足非显而易见性。利用新闻、插图说明使学生理解为何授予专利权的条件中包含了实用性。

(5) 关于设置专利权期限的意义的内容也是通过学生分组讨论来学习的，讨论的题目：假如专利权不设置保护期限会带来什么结果？各组同学将讨论结果上传到“雨课堂”，教师进行点评并打分。专利无效的概念、专利保护方式这两个知识点只需要学生了解一下即可，因而教师仅进行讲解而不再与学生进行互动。

(6) 课后作业：新冠肺炎疫情发生后，我国疫苗研发的速度和质量均处于世界前列，请说明原因。

六、总结反思

本次课程将专利方面的知识点无痕融入案例中，可以提高学生的学习兴趣，使学生在学习专业知识的同时，体会到我国社会主义制度的优越性，从而培养学生的爱国情怀。同时，本次课程利用案例教学法以及“雨课堂”增加了与学生的互动，改变了以往由教师满堂灌的教学方式，突出了以学生为主体，充分激发了学生的主动性和积极性。

本节课采取合班授课的方式，引入案例后，虽然学生的积极性得以发挥，但是由于是合班上课，学生人数较多，因而分组及发言均会受到影响。今后应增加“经济法”课程教师数量，以便保证可以进行单班授课，提高授课效果。

案例二：河南泰隆公司承揽合同——合同的订立

一、课程教学目标

（1）理解合同的订立形式。

（2）掌握合同的内容，合同订立的程序，合同成立的时间、地点。

（3）了解缔约过失责任。

（4）使学生能够运用学习的知识签订买卖合同，并识别合同中的陷阱，养成通过法律手段维护自己权利的意识。

二、思政育人目标

（1）利用案例从法治意识、社会责任意识等层面对学生进行教育。

（2）通过对合同中违约条款的讲解，培养学生的个人诚信意识。

三、育人主题

法治意识、社会责任意识、诚信意识。

四、案例设计

法治教育在“经济法”课程的教学中是潜移默化、润物无声地进行的。本节课采用案例教学法，用“雨课堂”等教学辅助手段充分调动学生的学习热情，使课堂从以教师讲授为主转变为以学生为中心。教学过程包括课前案例导入、课中分组讨论、教师点评等。

本节课的思政元素是通过案例直接无缝嵌入教学过程中的，课程的所有知识点均可以在案例中体现，这些案例来源于主讲教师的办案实践。整节课均围绕河南泰隆公司承揽合同展开。合同就是契约，遵守合同约定是法治意识的体现，通过对案例所涉及的知识点的讲授可以使学生增强社会责任意识和诚信意识。

五、组织实施

（1）案例导入。提出问题：同学们经常听说合同、契约、协议，请指出这三个概念的含义及区别。然后问“今天在座的各位同学有没有跟别人签订过合同?”结合学生的回答，引入本次课程的知识点即合同的订立，本处穿插讲授法治意识这一思政元素。

（2）通过真实案例——河南泰隆公司承揽合同，讲授合同的主要内容，包括当事人的名称或者姓名和住所、标的、数量、质量、价格或者报酬、履行期限、地点和方式、违约责任、解决争议的办法。该部分讲授完毕之后，通过“雨课堂”发布学习任务。课堂作业：草拟一张借条。然后主讲教师对学生的课堂作业进行点评。提醒学生注意：①如涉及数字，则需要同时书写大写和小写；②双方当事人如果是自然人，则需要标注身份证号码，如果是企业，则需要标注社会信用代码并随附营业执照复印件和法人代表的身份证复印件；③落款处若是自然人，则一定要手写签字并按手印，若是企业，则需要法人代表签字并加盖企业公章。本处穿插对社会责任意识的讲授。

(3) 讲授中运用企业信息查询软件，给学生设定分组讨论任务，让其分析欲与自己签订合同的企业是否存在信用风险(信用风险即违约风险，是指借款人、证券发行人或交易对方因种种原因，不愿或无力履行合同条件而构成违约，致使银行、投资者或交易对方遭受损失的可能性。)本处穿插思政元素“诚信意识”的讲授。

(4) 通过比较、分析使学生掌握合同必要条款和一般条款的概念及区别，了解缔约过失责任。

(5) 课后作业：如何运用学习的知识签订买卖合同，并识别合同中的陷阱？由学生在课下进行自学并提交书面作业，使学生树立通过法律手段维护自己权利的意识。

六、总结反思

本次教学中将与合同订立相关的知识点无痕融入一个具体的承揽合同案例中，提高了学生的学习兴趣，并使学生掌握了相应的专业知识，树立通过法律手段维护自身权利的意识，同时做到秉持诚实、信守承诺、严守契约。本案例是真实案例，实践性较强，教师在讲授时介绍了一些查询软件，使学生可以了解到最及时的信息。

教学中的不足之处在于：因主要采用案例教学法，所以常常需要学生进行分组讨论，但在普通多媒体教室上课的效果不是很理想；另外，由于目前“经济法”课程均采用合班上课的方式，最多时有 4 个行政班一起上课，教学效果很难保证，后期计划分小班上课并申请到校智慧教室开展教学。

参考文献

[1] 季明. 中国道路——国防与军队建设卷[M]. 北京：经济科学出版社，2017.

[2] 吴迪明，宋国鹏. 牢牢把握全面建成世界一流海军的时代内涵[N]. 解放军报，2018-06-06(007).

[3] 游毅文. “课程思政”视角下高校军事理论课教学路径探析[J]. 无锡职业技术学院学报，2020，19(3)：38-41.

[4] 马昕.《概率论与数理统计》课程思政教学改革的实践与探索[J]. 高教学刊，2021(3)：135-138.

[5] 吴珞. 大学数学课程思政推进方法初探[J]. 高教学刊，2020(4)：72-74.

[6] 唐彬. 最优化理论视角下《综合英语》课程思政建设路径探析[J]. 高教学刊，2021(9)：84-87.

[7] 韩婧，谷蕾. “思政”元素融于“综合英语”课程路径研究[J]. 广西民族师范学院学报，2021，38(3)：63-66.

[8] 包桂影，刘和英. “核心价值观”视域下大学英语“课程思政”体系化建设[J]. 石家庄铁道学院学报，2021(15)：70-75.

[9] 黄佰宏. “课程思政”视域下的大学英语教学改革与实践[J]. 浙江理工大学学报，2020(44)：1-7.

[10] 王书贤，向立明，梅雪晴，等.《汽车构造(二)》“课程思政”教学研究与实践[J]. 教育现代化，2020，4(27)：147-149.

[11] 李书艳，王世钊. “课程思政”与“发动机原理”专业课结合的探索与实践[J]. 教育教学论坛，2020，1(5)：210-211.

[12] 叶茜，黄茵茵，许美兰，等. 基于工程化教育理念的《固体废物处理与处置》教学探讨[J]. 广东化工，2020，47(21)：203-204.

[13] 周树银，张玉华，苏越，等.《冲压模具设计及主要零部件加工》课程思政设计与实施[J]. 模具工业，2021，47(9)：79-83.

[14] 马秉馨，原国森，朱兴林，等. 冲压工艺与模具设计课程思政教学初探[J]. 河南机电高等专科学校学报，2019，27(6)：75-77.

[15] 郝彦琴.《冲压工艺与模具设计》课程的思政教学改革与实践探索[J]. 天天爱科学(教学研究)，2019(12)：3-4.

[16] 刘纯献，刘盼盼. 体育课程思政的内容、特点、难点与价值引领[J]. 体育学刊，2021，28(1)：1-6.

[17] 高凤林. 各行各业都需要弘扬工匠精神[N]. 学习时报，2021-10-25(005).

[18] 央视网. 感动中国 2020 候选人物——卢仁峰. (2020-12-25)[2021-8-6]. https://www.news.cctv.com/2020/12/25/ARTICfrRSVoE6GBwe7HVs20R201225.shtml.

[19] 詹青龙、袁东斌、刘光勇. 数字摄影与摄像[M]. 北京:清华大学出版社,2017.
[20] 赵静静. 课程思政的研究现状及未来研究方向展望[J]. 西部素质教育,2019(14):24-25,35.
[21] 陈宝生. 在新时代全国高等学校本科教育工作会议上的讲话[J]. 中国高等教育,2018(3):4-10.
[22] 储继迅,王萍. 高等数学教学设计[M]. 北京:机械工业出版社,2020.
[23] 高中喜,王转德,谢云荪. 课程思政在高等数学教学中的探索与实践[J]. 高等数学研究,2021,24(4):93-95,98.
[24] 何玮. 关于应用型本科高校课程思政与《大学英语》课程相结合的思考[J]. 北方文学,2018(8):209.
[25] 安秀梅.《大学英语》"课程思政"功能研究[J]. 文化创新比较研究,2018,2(11):84-85.
[26] 赵威. 经济法(第八版)[M]. 北京:中国人民大学出版社. 2021.